André Ritter, Karin Ritter (Hg.)

ORTSWECHSEL

T V Z

André Ritter, Karin Ritter (Hg.)

ORTSWECHSEL
VADUZER PREDIGTEN 1997–2008

TVZ
Theologischer Verlag Zürich

EVANGELISCHE KIRCHE LIECHTENSTEIN

Die Deutsche Bibliothek – Bibliographische Einheitsaufnahme
Die Deutsche Bibliothek verzeichnet diese Publikation in der Deutschen
Nationalbibliographie; detaillierte bibliographische Daten sind im
Internet über http://dnb.ddb.de abrufbar.

Umschlaggestaltung und Illustration: Simone Ackermann, Zürich

Satz und Layout: Mario Moths, Marl

Druck: AZ Druck und Datentechnik, Kempten

ISBN 978-3-290-17530-6

© 2009 Theologischer Verlag Zürich
www.tvz-verlag.ch

Alle Rechte, auch die des auszugsweisen Nachdrucks, der photographischen
und audiovisuellen Wiedergabe, der elektronischen Erfassung sowie der
Übersetzung, bleiben vorbehalten.

INHALTSVERZEICHNIS

VORWORT 7

1997	Hugo Marxer *Vom Sein der Zeit*	10
1998	Walter Jens *Lob des Gesprächs. Eine Predigt –* *im Aufblick zu Theodor Fontane*	20
1999	Adolf Muschg *Vom Entschuldigen*	36
2000	Andreas Vollenweider *Auf der Suche nach dem Wunderbaren*	50
2001	Gottfried Honegger *Ist das Auge klar,* *steht der ganze Mensch im Licht*	74
2002	Annemarie Schimmel *Jesus, der Sohn der Maria*	80
2003	Heiner Geißler *Was würde Jesus heute sagen?* *Die politische Botschaft des Evangeliums*	94
2004	Heinz Mack *West – Ost. Kultur des Dialogs und* *Dialog der Kulturen*	108
2005	Ernst Ludwig Ehrlich *Sind wir Jona?*	130

2006	Rupert Neudeck	142
	Hörer und Täter des Wortes. Oder: Sag mal, Rabbi, wer von den Dreien war der Nächste für den Überfallenen?	
2007	Hartmut Rosa	156
	Jedes Ding hat keine Zeit?	
	Wie wir mit der Zeit umgehen	
2008	Franz Welser-Möst	178
	Stille	

AUTORENVERZEICHNIS 186

VORWORT

Seit 40 Jahren gibt es nun schon die Reihe der «Vaduzer Predigten». Im Jahr 1969 lud Pfarrer Christoph Möhl zum ersten Mal einen Gast ein, als Laie von der Kanzel der Evangelischen Kirche in Vaduz-Ebenholz zu sprechen. Gleich der erste Redner, der Schriftsteller Herbert Meier, nannte seine Ansprache «Predigt» und nahm damit die gut evangelische Überzeugung auf, dass auch sogenannte Laien, also Nicht-Theologen, in den Kirchen der Reformation die Bibel auslegen und das Evangelium von der Kanzel verkündigen können. Seit damals gibt es also einmal im Jahr eine besondere «Vaduzer Predigt»: Gäste aus Kultur und Wissenschaft, Politik und Gesellschaft sind seitdem der Einladung zur Predigt gefolgt. Nachzulesen sind diese in den beiden Predigtbänden, die von Christoph Möhl (Benziger Verlag 1979) und Hans Jaquemar (Edition Isele 1998) bislang herausgegeben wurden.

Der nun vorliegende dritte Band fasst die Predigten der Jahre 1997 bis 2008 zusammen. Die Reihe der Autorin, der Autoren ist bunt und vielfältig. Gemeinsam ist ihnen, dass sie alle auf je eigene Weise einen «Ortswechsel» vornehmen und Atelier, Katheder oder Dirigentenpult mit der Kanzel vertauschen. Damit begeben sie sich an einen Ort und in einen Raum, mit dessen Traditionen sie sich ausgesprochen oder unausgesprochen auseinanderzusetzen haben, der gleichsam «mit-predigt». Für manche der Prediger war dieser Ortswechsel wohl auch ein Wagnis, verstehen sie sich doch keineswegs alle als Glauben bekennend und praktizierend.

Entstanden sind aber vielleicht gerade dadurch spannungsvolle Dialoge, also keine vordergründig frommen Reden, sondern sensible Zeitansagen. Es ist gewiss kein Zufall, dass die Predigten auch bei denjenigen, die sich selbst als «kirchenfern» beschrieben, um Kernthemen des christlichen Glaubens kreisen: Vergebung, Christusbild, Nachfolge, Umgang mit der Zeit, Sehnsucht nach Stille und Gottesbegegnung, um nur einige der angeschnittenen Themen zu nennen. Für die Zuhörenden waren diese Dialoge stets anregend und nachdenkenswert. Darum möchten wir allen Predigern danken, dass sie sich auf das Wagnis des «Ortswechsels» eingelassen haben.

Predigten leben vom gesprochenen Wort: Das Gedruckte kann den Moment der «Verkündigung» nur unzureichend wiedergeben. Das gilt auch für die nachträgliche Bearbeitung der jeweiligen Ansprache, die zuweilen einen längeren schriftlichen Text hervorgebracht hat. Stimme und Ausdruck, Haltung und Gestik einiger Predigerinnen und Prediger werden uns daher als besonders markant und einprägsam in Erinnerung bleiben. Dies gilt besonders für Annemarie Schimmel und Ernst Ludwig Ehrlich, deren Predigten nun postum veröffentlicht werden, sowie für Walter Jens, dessen öffentliche Stimme inzwischen ebenfalls verstummt ist. Sie alle erlebt zu haben, bleibt für die Hörerinnen und Hörer der Vaduzer Predigten ein besonderes Geschenk.

Und schliesslich wären «Vaduzer Predigten» nicht möglich ohne eine Kirchgemeinde, die diese mitträgt. Wir möchten uns daher bei der Evangelischen Kirche in Liechtenstein und ihrem Kirchenvorstand bedanken für ihr aufmerksames Interesse an den Predigten und ihre bereitwillige Unterstützung. Unsere Mitarbeiterinnen im Sekretariat, Marlis Strub und Dunja Hoch, haben das gesprochene Wort in teilweise mühsamer Arbeit in eine druckreife Form gebracht, auch dafür sagen wir herzlichen Dank. Und nicht zuletzt möchten wir auch der politischen Gemeinde Vaduz für ihren namhaften Druckkostenzuschuss zu diesem Predigtband sowie dem Theologischen Verlag Zürich für die freundliche Aufnahme ins Verlagsprogramm Dank sagen.

Zugegeben, einen Schönheitsfehler hat der vorliegende Predigtband: Unter den Autoren befindet sich nur eine Frau. Wir geloben Besserung und freuen uns, dieses Buch anlässlich der 40. Vaduzer Predigt, die Jutta Limbach im Herbst 2009 halten wird, präsentieren zu können. Die Publikation ihrer Predigt bleibt dann hoffentlich einem nächsten Band der «Vaduzer Predigten» vorbehalten.

Vaduz, Ostern 2009
Pfarrer Dr. André Ritter und Pfarrerin Karin Ritter

Hugo Marxer

VOM SEIN DER ZEIT

Vom Anbeginn der Zeit bis heute, es war und ist und bleibt immer gleichlang die Zeit. Die Tage bleiben Tage, die Nächte bleiben Nächte. Die Stunden bleiben Stunden. Ein Leben bleibt ein Leben.

Mit der Zeit erst haben wir Menschen begonnen, die Zeit zu teilen. Aufzuteilen. Zu verkürzen, zu verschieben und schneller zu machen. Alles treibt zur Eile. Alles muss schneller werden. Effizienter. Kürzer. Wie wenn keine Zeit mehr wäre. Keine Zeit mehr bliebe.

Doch keiner von uns lebt länger, als seine Zeit eben dauert. Und erst wenn wir mal eine Minute lang auf etwas effektiv warten müssen, vergeht uns die Zeit kaum. Da sehen wir, wie lang eine Minute sein kann. Doch warten?

Ist aber nicht das ganze Leben ein Warten? Oder ein Erwarten? Vielleicht ein Warten auf eine bessere Zeit?

Früher war die Welt langsam, stiller deren Gang. Wir Menschen erst haben die Nacht zum Tag gemacht. Zeiträume aufgehoben. Gestrichen, übergangen und neu anzulegen versucht. Könnten wir wohl noch leben wie vor 200 Jahren? Wohl kaum. Die sozialen wie psychischen Probleme würden überhandnehmen. Wir oder fast alle von uns könnten mit sich und der Welt, dem Partner, der Familie nur noch wenig, vielleicht sogar nichts mehr anfangen. Früher lebte man mit der Zeit. Mit dem Weltenlauf in Einheit. War Teil des Ganzen. Behütet in natürlichen Rhythmen.

Heute ist die Hektik der Nährboden des Bösen. Die Überforcierung der Zeit, das Überziehen der Uhr wird sie zum Stillstand bringen. Aus bekannten Gründen werden zeitliche Daten künstlich vorgelegt. Die Weihnachtswerbung sieht man schon anfangs Oktober in den Auslagen. Die Osterwerbung beginnt nach den Feiertagen im Januar. Und Fasching ist das ganze Jahr.

Dies geht mir persönlich alles zu schnell. Haben wir Angst, das Jetzt zu erleben? Ich behaupte: Ja. Wir organisieren unsere Flucht vor der Zeit. Zeitflucht. Reisen müssen an den von uns entferntesten Punkt der Erde gehen. Gleich auf Anhieb. Und dann nächstes Jahr? Noch weiter? Die Erde ist aber eine Kugel. Und weiter ist dann soweit, dass es auf der anderen Wegstrecke schon wieder näher wäre. Und dies genügt dann nicht. Ist zu wenig weit.

Wo wollen wir dann eigentlich hin? Das Idealziel wären doch wir selbst. In sich selbst findet man die stärkste Erholung. Doch wir selbst sind uns am wenigsten bekannt. Leider. Aber nur wenige haben den Mut, so unbekannte Ziele wie sich selbst zu besuchen. Zu erkunden. Und Gutes wie Schlechtes zu erkennen. Und zuzugeben. Zeit hätten wir alle. Genug. Doch wir überspringen die Zeiteinheiten. Selbst unsere Kleinkinder sollten schon möglichst rasch schnell erwachsen werden. Lesen können, bevor sie zur Schule gehen. Mode tragen wie Erwachsene. Dabei berauben wir sie ihres grössten Gutes: der Zeit. Der Zeit, der Kindheit. Der Zeit zum Reifen, langsam erwachsen Werden. Man will Jahre überspringen, wie wenn keine Zeit mehr bliebe. Die Quittung dafür bekommen wir dann, so etwa nach fünfzehn, sechzehn Jahren. Die Beraubung der Zeit des Menschen im Einzelnen ist enorm.

Geschäftlich böse Absichten zielen schon auf unsere Kleinkinder als potentielle Zielgruppe für unsere Konsumgüter, die anscheinend zum Leben gehören wie das Blut in den Körper. Nach meiner Meinung wird nach der Devise gelebt: Wir beherrschen und diktieren die Zeit, damit die Kasse stimmt. Es wird schlichtweg versucht, alles an die Frau, an den Mann, an das Kind zu bringen. Ein Zeitgeist? Nein! Kein Geist in der Zeit.

Es wird noch schlimmer. Wir sind bereit zuzuschauen, wie ganzen Volksstämmen aus Profitgier die Existenzgrundlage genommen wird. Ihr Lebensraum abgebaut wird. Sie aus der Heimat vertrieben werden. In dieser unserer Zeit. Ist dies zeitgenössisch?

Und dies alles immer schneller. Effizienter. Jedes Jahr muss da gesteigert werden. Mehr produziert werden. Mehr verdient werden. Die Zeit muss gestrafft werden. Kriege werden angezettelt, geschürt und künstlich im Betrieb erhalten, um Absatzmärkte zu sichern. Um Lagerbestände endlich aufzubrauchen. Zeitschnell. Hier hat das Kapital über den Menschen gesiegt. Hier ist der Mensch ausser Kontrolle. Und wo ist Gott? Zeitgleich?

Er wäre immer noch in uns. In jedem von uns. Also mitten unter uns. Nur vielfach zugeschüttet. An einem erbärmlichen Ort hausend. Nur gerufen, wenn's gar nicht mehr geht. Auf Zeit abgelagert. Nicht mehr gebraucht. Von vielen sogar verlegt, unauffindbar. Und dann sucht man. Hat keine Zeit. Verliert sich. Geht selbst verloren.

Auch ich lebe in dieser Welt. In dieser Zeit. Doch als Bildhauer lebe ich in der Steinzeit. Meine Zeit läuft etwas langsamer. Ich weiss mit grosser Sicherheit, dass immer genug Zeit ist, um eine Skulptur aus einem Steinblock zu schlagen. Da mein Arbeitsrhythmus ein ruhiger ist, habe ich mehr Zeit zum Überlegen. Denken. So sehe ich mögliche Fehlerquellen früher. Beizeiten. Kann eventuell korrigieren. Und komme so nicht in Eile und erledige meine Arbeit zeitgerecht. Ich weiss den Zeitpunkt, wo ich eine Arbeit beginnen muss. Und da alles seine Zeit hat, ist das Ganze eine Sache vom Einteilen. Viele von uns neigen immer mehr dazu, zu sagen: «Ich habe keine Zeit, ich bin in Eile.»

Sind aber all die Dinge, die da so schnell und noch schneller erledigt werden, dann auch von so grosser Wichtigkeit? Ich habe bei meiner Arbeit am Stein erfahren, dass die meisten Sachen, denen wir in Verblendung so grosse Wichtigkeit zugemessen haben, in Wahrheit gar nicht so wichtig sind. Dinge, die wir glauben, sie würden die Welt bewegen, verflachen in nur kurzer Zeit so, dass sie überhaupt kein Gewicht mehr haben. Und dann sehen wir die grossen Täuschungen, die uns so masslos enttäuscht haben. Mit der Zeit eben. Das passiert immer da, an der Schwelle, wo Zukunft Gegenwart wird. Und die Gegenwart Vergangenheit. Also immer mitten drin. Mitten drin im Leben. Gerade jetzt.

Und dann ist wieder ein Teil unserer Zeit abgelebt. Unwiederbringlich vorbei. Was bleibt, ist der Rest. Der Rest bis zum Ende. Hier erkenne ich die Endlichkeit. Und spätestens jetzt sollten wir erkennen, dass Einteilen sich lohnen würde. Zeit ist eben ein sehr flüchtiges Element. Wir müssen darauf achten. Die Eile kann es verschwinden lassen.

Ich bin während meiner Arbeit mit dem Stein und mit der Zeit allein. Über Wochen. Über Monate. Und da bleibt und da ist eben viel Zeit. Viel Zeit für meine Gedanken. Ich fange dabei an, auf mich zu hören. In mich hineinzuhören. Auf innere Stimmen. Dabei mache ich Erfahrungen von grosser Grösse. Der Stein zwingt mich zur Langsamkeit. Man arbeitet in einem entsprechenden persönlichen Rhythmus, der bei Granit wieder ganz anders ist als bei Marmor. Der Stein gibt die Zeit vor. Er sagt, wie schnell das Ganze vorangeht. Hier muss man akzeptieren oder man verliert. Das Gesetz von der Zeit ist da auf einmal ein anderes. Ein unserer Zeit fremdes Gefühl. Für mich: Gefühlszeit. Man lebt in der Zeit, ist ganz natürlich Teil derselben. Steht ganz im Einklang mit dem jetzigen Sein. Ist Teil des Ganzen. So wie's ursprünglich gedacht war von Gott. Diesen Zeitzustand empfinde ich als grosse Qualität. Da ist nicht mehr Zeit gleich Geld, sondern Zeit ein Geschenk.

Aber als Beschenkter habe ich so meine Ängste. Ich sehe die Welt in ihrem Irrlauf. Im Wettlauf mit der Zeit. Schneller, immer mehr, immer grösser ist das Ziel. Wenn wir immer schneller von einem Ort zum andern kommen können, verkürzt sich doch unsere Reisezeit enorm. Wozu und wie wird aber die gewonnene Zeit eingesetzt? Auf wessen Konto wird sie gutgeschrieben?

Wir sind in einem gefährlichen Sog drin. Hier wird uns Zeit gestohlen. Entwendet. Wir werden intelligent unseres grössten Gutes, unserer Zeit, beraubt. Noch schneller von A nach B. Immer schneller, mehr, grösser. In der Werbung werden dazu sogar neue, fremdartige Wörter künstlich gebraucht, angewandt. Super, mega und so weiter. Wie wird hier wohl noch gesteigert? Mir kommt Babylon in den Sinn.

Jeder Weg muss erst gegangen werden, um ihn kennenzulernen. Wir aber überspringen Zeit und Wege. Wir lassen aus. Die Zeit wird gerafft, natürliche Reifeprozesse übersprungen, ausgeschaltet. Kirschen, Erdbeeren, Trauben sind das ganze Jahr im Angebot.

Die Jahreszeiten verwischen sich, das macht uns unsicher. Wo sollen wir uns noch orientieren? Wo ist Halt? Wo ist die Wahrheit? Wo ist Gott? Hier erfindet der Mensch Ausreden. Der Mensch wird auch Jahreszeiten erfinden. Und in den Lauf der Zeit einbauen. Mit Tagen macht man das schon. Man will Einfluss nehmen in den Schöpfungsprozess. Gentechnik. Klonen. Die Psychiatriecouch anstelle von Beichtstühlen. Hier zieht sich der Zeitkreis dann langsam enger. Der Kreisel wird langsamer. Die Zeit wird sich kurzschliessen. Kurzschluss. Ich stelle eine solche Welt in Frage. Als Bildhauer sage ich: «Solche Zeitauswüchse sind mit harten Schnitten zu kappen.»

Nun ist aber jedem von uns täglich die gleiche Zeit zuteil. Die gleiche Anzahl von Tag- und Nachtstunden. Zeit zum Schlafen, Zeit zum Wachsein, Zeit zum Arbeiten, Zeit zum Ruhen, Zeit zum Lachen, Zeit zum Weinen, Zeit zum Beten und Zeit zum Schauen.

Und gerade bei diesem Schauen sehe ich mit Freude, wie Bäume, Vögel, Fische keine Eile haben. Keine Eile haben und trotzdem leben. Sie leben ihre Zeit – haben Zeit. Hier siegt die Wahrheit der Schöpfung. Bäume legen wie selbstverständlich im Winter ihre Ruhepause ein. Sie erholen sich. Regenerieren sich. Bereiten sich auf den neuen Frühling vor. Ohne Eile. Aber mit der hundertprozentigen Sicherheit, dass sie im Frühjahr wieder austreiben werden. Zum neuen Leben erwachen werden.

Ähnlich ist es mit meinen Blumenzwiebeln. Ende Oktober begrabe ich sie. Bring sie ins Dunkel. Und dann ist Zeit zu warten. Warten, bis sie ihre ersten Triebe durch den noch durchnässten Boden ans junge Licht treiben. Aber sie brauchen ihre Zeit dazu. Zeit eben, die sie haben und einteilen. Das zu frühe Blühen wäre tödlich.

In absoluter Selbstverständlichkeit respektiert die Natur den Zeitrhythmus von Tag und Nacht, von Tod und Leben.

Wir dürfen nicht zu stolz sein, dies zu sehen. Wir dürfen oder sollten dies sogar abschauen. Versuchen, in unser Leben einfliessen zu lassen. Dann erst verkürzt sich die Schöpfung auf Tagesrhythmus. Auf tägliches Neuerwachen. Vom Dunkel ans Licht.

Wir sehen, wir müssen den einzelnen Sachen die Zeit zugestehen, die ihnen gebührt. Denn wenn im ersten Raureif ein Blatt vom Baum fällt, ist noch lange nicht Winter. Erleben wir doch erst in aller Ruhe den Herbst. Freuen wir uns am farbigen Spiel der fallenden Blätter. Doch wohin fallen sie? Auf die Erde. Auf unsere Erde. Wohin auch wir zurückkehren werden. Ein jeder zu seiner Zeit.

Doch dieses langsame Schauen der Natur kam auch bei mir nicht plötzlich. Ich musste es erlernen. Langsam mit der Zeit. Schritt für Schritt. Manchmal von riesen Rückschritten gebremst. Doch Beharrlichkeit und Hoffnung mit einer zünftigen Portion Gottvertrauen liessen mich und lassen mich auf jeden neuen Tag mit Spannung warten.

Zwangsläufig werde jedoch auch ich immer wieder von der Zeit eingeholt. Alles droht mich zu überrollen. Dann, mitten im stärksten Sog, genau da, stoppe ich, halte an. Neuorientieren ist angesagt. Innehalten. Abstand gewinnen. Mich neu, richtig einordnen. Ehrlichkeit zu sich selbst und anderen gegenüber ist hier von grösster Hilfe. Und dann nicht vergessen, zu danken und zu beten. Für die Zeit, die ich bekam, mich neu zu ordnen. Das Ganze geht vielleicht Minuten und dauert eine Ewigkeit.

Meine Philosophie über die Zeit fand ich in den Marmorsteinbrüchen in den Bergen von Carrara. 160 Millionen Jahre altes Gestein. Ein 49-jähriger Bildhauer sucht zweitausend Jahre nach Christus die Wahrheit. Und ich fand sie: Es ist genug Zeit da. Für alle.

Ist es jetzt Erleuchtung, die ich da erlebe? Nein, vielmehr Einsicht. Die Erkenntnis einfach, dass ich in meiner Kleinheit nur etwas bewege durch Glauben, Hoffnung und Liebe. Durch meine kleinen Schritte komme ich zu meinen grossen Skulpturen. Ich habe gelernt, als Teil dieser Schöpfung zu leben. Als Teil des Ganzen. Mich und andere selbst zu verstehen und mich meinen Talenten entsprechend einzuordnen. Ich behaupte, dabei ist der Faktor Zeit gleich Leben. Und Leben kann man nur bedingt kaufen. Als Steinbildbauer im klassischen Sinne brauche ich sehr viel Zeit. Am Stein werde ich eins mit der Zeit. Bin einfach. Nur noch Teil des Ganzen. Im Einklang mit der Zeit. Ich bin selbst Zeit. Dadurch bin ich unendlich ruhig. Wie ein Ballon, der mit dem Wind fährt und diesen selbst so nicht spürt. Aber er kommt weiter. Mit der Zeit eben.

Versuchen wir einmal, ein Menschenleben im Zeitplan der Schöpfungsgeschichte zu sehen. So sehen wir auch, wie winzig so unsere Möglichkeiten sind. Unsere Zeit. Kurz ist sie. Bemessen. Man lässt uns hier nicht viel Zeit. Hier verlangt Gott von uns Entscheidungen – und zwar gültige, klare. Die grosse Freiheit, die wir haben, ist die, dass wir selbst entscheiden dürfen, unsere Zeit einzuteilen nach unserem Gutdünken. Mit dieser Zeit also, die uns bleibt von der Geburt bis zum Tod, können oder müssen wir haushalten. Der Zeit des Dunkels folgt die Zeit des Lichts. Der Zeit vom Kranksein die Zeit der Gesundung, der Zeit des Schlafes die Zeit des Erwachens. Der Zeit des Erwachens die Zeit des Lebens.

Diese Lebenszeit ist aber auch die Zeit, in der wir uns vorbereiten müssen. Vorbereiten auf die Zeit nach unserem Tod. Und da müssen wir dann mit weniger auskommen. Mit uns allein. Und mit Gott. Da werden Qualifikationen nicht nach Gütern gesetzt. Da spielt dann auch «keine Zeit» mehr keine Rolle. Da wird dann viel Zeit sein. Sehr viel. Für alle. Und für alle gleichviel. Und gleich lange Zeit. Nämlich Ewigkeit. Viele von uns werden dann dort aber Mühe haben, Mühe, die Zeit totzuschlagen.

Jetzt wünsche ich Ihnen viel Zeit zum Nachdenken. Und einen recht ruhigen Sonntag.

Walter Jens

LOB DES GESPRÄCHS
EINE PREDIGT – IM AUFBLICK ZU
THEODOR FONTANE

Der Text, von dem ich ausgehen möchte, steht in der Apostelgeschichte, Kapitel 2, Verse 44–47:

Alle, die gläubig geworden waren, waren beieinander und hatten alle Dinge gemeinsam. Sie verkauften Güter und Habe und teilten sie aus unter alle, je nach dem es einer nötig hatte. Und sie waren täglich einmütig beieinander im Tempel und brachen das Brot hier und dort in den Häusern, hielten die Mahlzeiten mit Freude und lauterem Herzen und lobten Gott und fanden Wohlwollen beim ganzen Volk. Der Herr aber fügte täglich zur Gemeinde hinzu, die gerettet wurden. Apostelgeschichte 2,44–47

So, denke ich, sieht eine ideale Gemeinde aus – wenn eins nicht fehlt, das Wichtigste vielleicht: das Gespräch untereinander und, nicht minder wichtig, mit den Freunden. Der Dialog als Gottesgabe! Die humane Rede!

Es ist ja ein stummer Mensch gegen einen redenden, schier als ein halb todter Mensch zu achten, und kein krefftiger noch edler werck am Menschen ist, denn reden, Sintemal der Mensch durchs reden von andern thieren am meisten geschieden wird, mehr denn durch die gestalt odder ander werck, weil auch wol ein holtz kan eines menschen gestalt durch schnitzer kunst haben, und ein Thier, so wol sehen, hören, riechen, singen, gehen, stehen, essen, trincken, fasten, dürsten, Hunger, frost und hart lager leiden kan als ein mensch.

So Doktor Martinus, der Anwalt der *viva vox evangelii*, der die kirchlichen «Federhäuser» in «Mundhäuser» verwandeln wollte, und sich in Predigt, Traktat und Gespräch nicht genug tun konnte, auf die Rede als die «allerschönste unter allen Gottes Gaben» zu verweisen.

Kein Wunder also, dass Luther niemals so sehr er selbst gewesen ist, als wenn er, *verbosus* wie kein zweiter Theologe (freilich auch durch die Gefahr bedroht, bisweilen, wie er gestand, allzu sehr ins «Wäschen» zu geraten), von der Lebendigkeit des Worts Zeugnis ablegte: alleweil predigend, lehrend, disputierend, mahnend und drohend – *doctrina et exhortatio* voran! Aber war er darum auch ein Freund des Gesprächs von gleich zu gleich, hätte er colloquia familiaria schreiben und sich von Hänslein und Elslein auf dem Markt ins Gewissen reden lassen können, wie's Fontanes Herren von Stand taten, wenn ihnen eine Dienstmagd mit sanfter Humanität ins Gewissen redete? «Die ist uns über» (Roswitha in *Effi Briest*) – hätte man diese vier Worte auch in Wittenberg sagen können? Ich denke: Nein. Konversation ist Luthers Sache nicht gewesen; seine Force war das Lehren – schlicht, einprägsam, unwiderruflich – und die herzbewegende Rede, wo gleichsam vom Himmel herab gepredigt wurde: hochpathetisch in der Diktion des *genus grande*.

Die mittlere, vom Ethos bestimmte Redeweise hingegen, die dem parlando folgt – heiter, urban, erquickend, ja, gelegentlich auch amüsant: auf Rekreation und nicht auf Unterweisung zielend –, blieb ihm fremd.

Kurzum, wer bei Luther verlässliche Aussagen über unfanatische, von Skepsis und Bedachtsamkeit geprägte, aufs Gesellige abzielende Diskurse sucht, heitere Debatten, wird sich vergebens umschauen.

Wie aber, ist zu fragen, soll sie aussehen, im Anschluss an unseren Text, die unfanatische, von wechselseitiger Achtung und Konzilianz geprägte Konversation zwischen Eigenem und Fremdem, bei der sich Liberalität mit besonnener Verteidigung der eigenen Meinung, Toleranz mit Entschiedenheit verbindet? Ökumenische Gespräche, die niemanden ausschliessen, sind wenig bedacht worden im Lauf der Kirchengeschichte – egalitäre, von Fragen eher als von flink zitierten Ergebnissen bestimmte Diskurse erst recht nicht. Ungeachtet Lutherscher Wortseligkeit kam, seit den Tagen des Jesus Sirach, dem Schweigen, Zungehüten und demütigen Stummsein immer ein besonderer Rang zu; von gleichem Recht für alle, auf dem die Sozialität freier Gespräche beruht, war dort nie die Rede, wo Subordination verlangt wird – Subordination der Gemeinde unter ein für sakrosankt erklärtes Wort Gottes, Unterordnung des Beichtkinds unter den Beichtvater, Unterordnung des Laien unter den Priester.

Nein, es gibt, nehmt alles in allem, wenig Hilfe in Homilien: Viel scharfsinnige Analyse der Predigt korrespondiert mit Leerformeln, wenn es um das Gespräch an der Grenze von Bürger- und Christen-Gemeinde, die Rede derer also geht, die sich, auf Jesus schauend, als Diener und nicht als Herren verstehen und in dieser Rolle, sollte man denken, im Laufe der Jahrhunderte eine eigene, aber dem anderen gegenüber offene Gesprächsform entwickelten: gesellig, unfanatisch und sozial; weitherzig und kirchlich zugleich.

Wir schauen uns um und fragen: Wer von unseren reformatorisch gesinnten Meistern hilft, wenn es gilt, Konstituenten eines idealen, also von keinem Fundamentalismus bedrohten Gesprächs zu bedenken? Nun, der Helfer steht bereit. Schleiermacher, wer denn sonst? Schleiermacher mit seinem *Versuch einer Theorie des geselligen Betragens,* einem Traktat, der, weitab von religiöser Engstirnigkeit, einen freien Gesprächsstil für verbindlich erklärt hat, in dem Grosses und Kleines, das Haus und die Gesellschaft derart miteinander kommunizieren, dass sich am Ende ein Zustand ergibt, «der die Sphäre eines Individuums in die Lage bringt, dass sie von den Sphären anderer so mannigfaltig als möglich durchschnitten werde, und jeder seiner eigenen Grenzpunkte ihm die Aussicht in eine andere und fremde Welt gewähre, so dass alle Erscheinungen der Menschheit ihm nach und nach bekannt, und auch die fremdesten Gemüter und Verhältnisse ihm befreundet und gleichsam nachbarlich werden können. Diese Aufgabe wird durch den freien Umgang vernünftig sich untereinander bildender Menschen gelöst.»

Freie Geselligkeit als Fundament einer humanen Sozietät, geprägt durch ein *schickliches,* will heissen: die Interessenlage aller Teilnehmer respektierendes Gespräch, das von jedem Einzelnen zugleich Elastizität (sonst wäre Kommunikation unmöglich) als auch ein gewisses Mass an *Undurchdringlichkeit* verlangt (fehlte sie, man verharrte bei unverbindlicher Plauderei).

Ist das, am Ende dieses Jahrhunderts, im Zeitalter der Gruppenisolation und der dehumanisierenden Internet-

Angebote, nichts weiter als liebenswerte Spekulation aus vergangenen Tagen – grundsympathisch, aber obsolet? Die auf der Dialektik von *solitaire und solidaire* begründete Diskurs-Fähigkeit: unter gleichberechtigten Bürgern ein Anachronismus, mehr nicht? Schleiermachers Begriff *Gewandtheit* als *conditio sine qua non* einer sich im Gespräch bewährenden Humanität («[...] kein mir bekanntes Wort drückt besser die Fähigkeit aus, sich in jeden Raum zu fügen und zugleich in seiner eigensten Gestalt dazustehen und sich zu bewegen»): nur ein hochidealistisches Konstrukt? Ich glaube nicht. Hier wird vielmehr vereint, was geeignet sein könnte, die Fähigkeit, sich in andere hineinzudenken, mit gelassenem, aber von fundamentalistischer Selbstgewissheit weit entferntem Betonen des je Eigenen zu verbinden.

Kurzum, was nottut, hier und jetzt, ist, vor allem anderen, sich im offenen Gespräch, ehrlich und vorurteilslos, miteinander bekannt zu machen, paritätisch, natürlich: viele politische beredte Männer in bunter Reihe, Frauen darunter, die mit Luthers Weibspersonen nicht das Geringste gemein haben; die nämlich konnten sich nur über Haushaltsfragen ergehen – das freilich mit ciceronianischer Verve. Aber wenn sie, so Luther, «über öffentliche Angelegenheiten sprechen, so taugt das nicht. Denn wenn es ihnen auch an Worten nicht fehlt, so fehlt es ihnen doch am richtigen Verständnis für die Sache – wenn sie daher über öffentliche Fragen reden, so ist das derart wirr und unpassend, dass nichts darüber hinausgeht. Daher ist klar, dass die Frau für den Haushalt geschaffen ist, der Mann aber für das öffentliche Leben, für Kriegs- und Rechtsgeschäfte.»

Mulier taceat non solum in ecclesia sed etiam in politieis, heisst die Devise, nach der, über Jahrhunderte hin, das

Verhältnis zwischen den Geschlechtern strukturiert war: «Es ist kein Rock, der einer Frau so übel ansteht, als wenn sie klug sein will.» Gottlob dass, dem Luther-Diktum Paroli bietend, zu Beginn der Neuzeit auch andere, humanere Überlegungen möglich waren – Gedanken, wie sie ein Autor entwickelte, Erasmus von Rotterdam, der, im Gegensatz zu Luther, zwar kein Redner und Verherrlicher des lebendigen Worts, wohl aber ein Gesprächsmeister war, dessen Dialoge (ich sag's seit Jahr und Tag, immer applaudiert, immer erfolglos) die lateinische Lektüre an den Gymnasien weit sinnvoller eröffneten als Cäsars Schlachtbeschreibungen. Man höre, unter unserer reformatorischen Devise «Gelobt sei das Gespräch», die Introduktion eines Disputs zwischen einem nicht gerade mit Klugheit gesegneten Geistlichen und einer gebildeten Frau:

Antronius *(töricht, aber dafür Abt): «Was für eine Einrichtung sehe ich hier?»*
   Magdalla *(die gelehrte Dame): «Ist sie nicht schön?»*
   Antronius: *«Ich weiss nicht, ob sie schön ist. Fest steht nur, dass sie weder zu einer jungen, noch zu einer betagten Frau passt.»*
   «Und warum?»
   «Quia librorum plena sunt omnia.» [«Weil hier alles voll von Büchern ist.»]
   «Ihr seid schon so alt, ein Abt, der sich bei Hofe umtat, und habt noch niemals Bücher im Haus einer Frau von Welt gesehen?»
   «Ja, einige schon, französische. Hier aber sehe ich griechische und lateinische. [...] Verstand haben ist nicht Sache der Frauen.»

Non est muliebre sapere. Ich denke, es lässt sich – nicht nur für junge Menschen, die möglichst früh in die Kunst eines verständigen, von demokratischem Witz zeugenden Gesprächs eingewiesen werden sollten – besser mit ironischen Sentenzen in Erasmus' Manier leben als mit der Maxime *Gallia est omnis divisa in partes tres.*

Wer auf die freundliche Symbiose von Humanismus und Reformation abzielt – aufs Zwiegespräch zwischen Erasmus und Melanchthon schauend, den beiden Nothelfern, die, ungeachtet aller Kontroversen, voneinander nicht lassen mochten –, der ist gut beraten, wenn er sich an Konversationen hält, die nicht nur lehrreich, sondern auch unterhaltlich und amüsant sind ... Womit wir, vom Allgemeinen zum Konkreten kommend, bei Fontane wären, dem einzigen Deutschen, der das Gespräch in Theorie und Praxis ins Zentrum seiner Meditationen zu stellen verstand. Fontane, ein Schriftsteller, der zeitlebens die These vertrat, dass es der offene und tolerante Disput sei, der uns Menschen sein liesse, und der darüber hinaus selbst ein grosser Plauderer war und (will man Frau Emilie glauben) ein exzessiver dazu: Die Gäste – ein kleiner Kreis von Getreuen (grosse Gesellschaften waren Fontane verhasst, steife Rituale langweilten ihn) – die Gäste, mit Hut und Mantel, längst aufbruchsbereit, bis auf die wenigen, die bei Tisch eingeschlafen sind – aber der Hausherr hört selbst dann nicht auf zu parlieren, kommt auch zu vorgerückter Stunde noch vom Hölzchen aufs Stöckchen und plaudert – hoch in den Siebzig! – so alert, als hätte die Soiree gerade begonnen.

In der Tat, unter allen deutschen Autoren, die sich aufs Verfertigen kunstvoller Dialoge verstanden, ist Fontane der Einzige, der sein Geschäft nicht nur in der Theorie, sondern auch in der Praxis beherrschte: er und nicht Lessing, der zwar seine Figuren, Minna oder Nathan, zu Sprachmeistern machte, selbst aber – kaum über fünfzig, doch schon vom Tod gezeichnet – in Diskursen den Faden verlor. Fontane, nicht Lessing! Fontane, nicht Thomas Mann, der Erfinder jener zwischen Philosophie und Dichtung angesiedelten Dialoge – *Naphta contra Settembrini!* –, für den, was häusliche Geselligkeiten angeht, eher das märkische Epitheton «*pappstoffelig*» gilt. Man las vor, gewiss, wartete auf Applaus der geladenen Damen und Herren oder brachte mit Müh und Not die Huldigungen von Teebesuchern über die Zeit; urbanes Geplauder hingegen, ein Sichzuwerfen der Bälle zwischen unterhaltlichen Anekdoten und pointenkundigen Leuten – keine Rede davon bei dem Nachbarn aus Lübeck!

Wie anders da Fontane! Welche Kunst, im Gespräch, dem eigenen – man denke an die Brief-Dialoge! – so gut wie in jenem seiner Figuren, alle Register zu ziehen!

Plaudern um des Plauderns willen. Das Rezept klingt einfach und verlangt doch höchstes Raffinement, Wechsel der Tonarten, Alternieren von eleganter Präsentation und schlichter Benennung: alles an seinem Ort und zu seiner Zeit, alles der gegebenen Situation und den Möglichkeiten der Personen entsprechend. Hier Natürlichkeit, dort ambitioniertes Geplapper, hier assoziatives Parlando, dort dialektgetönte, schlichte Rede: Fontane beherrschte das Metier der Nuancierung wie kein anderer – und er wusste darum. Im August 1882 schrieb er an Tochter Mete:

Alles hängt mit der Frage zusammen: wie soll man die Menschen sprechen lassen? Ich bilde mir ein, dass hier eine meiner Forcen liegt und dass ich auch die Besten [...] auf diesem Gebiet übertreffe. Meine ganze Aufmerksamkeit ist darauf gerichtet, die Menschen so sprechen zu lassen, wie sie wirklich sprechen. Das Geistreiche (was ein bisschen arrogant klingt) geht mir am leichtesten aus der Feder, ich bin [...] im Sprechen wie im Schreiben ein Causeur, aber weil ich vor allem ein Künstler bin, weiss ich genau, wo die geistreiche Causerie hingehört.

Sie gehört, fügen wir hinzu, zur Rede der älteren Herren vom Schlage Dubslavs oder des Gymnasialprofessors Willibald Schmidt im Roman *Frau Jenny Treibel*, gehört zu den Grenzgängern, die zugleich Herren und geheime Paladine Bebels sind. Sie gehört zu den Frauen, die so viel besser sprechen als ihre Männer, denen deshalb auch ausdrücklich Lob gezollt wird, wenn sie's denn doch einmal recht machen («Was du da sagst, Briest, ist das Gescheiteste, was ich seit drei Tagen von dir gehört habe.»); sie gehört zu den Plauderinnen, die, wie Corinna – noch einmal: *Frau Jenny Treibel* – ihre Pfauenräder leuchten und alle Fontänen sprühen lassen, sobald sie das Wort haben und dafür von ihren pedantischen Liebhabern zur Raison gebracht werden:

«*Ich bin etwas übermütig, Mr. Nelson, und ausserdem aus einer plauderhaften Familie ...*»
«*Just what I like, Miss Corinna. ‹Plauderhafte Leute, gute Leute›, so sagen wir in England.*»
«*Und das sage ich auch, Mr. Nelson. Können Sie sich einen immer plaudernden Verbrecher denken?*»
«*Oh no, certainly not ...*»

So, an der Grenze von viel Deutsch und ein klein wenig Englisch (eine beliebte, auch von Emilie beherrschte Diktion im Hause Fontane), das Parlando zwischen zwei jungen Leuten, die zeigen, dass Grazie und Witz nicht zollpflichtig sind.

In der Tat, von Fontane ist zu lernen, wie ein offenes, witziges, urbanes und tolerantes Gespräch aussieht; das Gespräch, das, nebenbei bemerkt, kein Freigeist, sondern ein in Leben und Werk ernster Christ entwickelt hat – ein *alter ego* jenes Pastor Lorenzen aus dem Roman *Der Stechlin*, der dem alten Dubslav am Ende die Totenrede hält, einen knappen, im Geist der Bergpredigt, aber auch im Geist August Bebels gehaltenen Sermon, der sich auf ein kurzes und gerade deshalb ergreifendes Lebewohl beschränkt:

Er hatte keine Feinde, weil er selbst keines Menschen Feind war. Er war die Güte selbst, die Verkörperung des alten Weisheitssatzes: ‹Was du nichts willst, dass man dir tu.› Und das leitet mich denn auch hinüber auf die Frage nach seinem Bekenntnis. Er hatte davon weniger das Wort als das Tun. Er hielt es mit den guten Werken und war recht eigentlich das, was wir überhaupt einen Christen nennen sollten. Denn er hatte die Liebe. Alles, was einst unser Herr und Heiland gepredigt und gerühmt und an das er die Seligpreisung geknüpft hat – all das war sein: Friedfertigkeit, Barmherzigkeit und die Lauterkeit des Herzens. Er war das Beste, was wir sein können, ein Mann und ein Kind. Er ist nun eingegangen in seines Vaters Wohnungen und wird da die Himmelsruhe haben, die der Segen aller Segen ist.

Als Fontane diese Sätze schrieb, war er ein Mann, der, auf die achtzig zugehend, nicht mehr viel Zeit hatte: Pläne gab's genug, aber eben nur Pläne. Der *Stechlin* blieb Schwanengesang, die Totenrede Lorenzens Fontanes Abschiedsgruss an ein Christentum lutherischer Prägung, das für ihn – ungeachtet aller Exkurse ins strikt Calvinistische mitsamt seinen Prädestinationsdogmen oder sogar der Ausflüge ins ansonsten wenig geliebte Katholische (Waren junge Nonnen nicht am Ende doch humaner als nämliche Diakonissen?) – auf der *praxis pietatis,* dem unermüdlichen Tätigsein in der Nachfolge Jesu beruhte; dem Liebesdienst, der sich im Beistand für die Mühseligen und Beladenen bewährte.

Dogmen, starre, den Andersdenkenden ausschliessende Glaubenssätze und scholastische Abgrenzungsformeln waren Fontane von Grund auf verhasst. In einem Brief an Tochter Mete, geschrieben am 13. März 1888, heisst es:

Was wir Bekenntnistreue nennen, ist Rechthaberei. ‹Das ist sein Fleisch und Blut›, ‹Das bedeutet sein Fleisch und Blut›, – auf diesen Unterschied hin wird verbrannt und geköpft, werden Hunderttausende in Schlachten hingeopfert und eigentlich – eine Handvoll verrückt-fanatischer Pfaffen ausgenommen – ist es jedem gleichgültig.

Enge Dogmatiker (wie Domina Adelheid) und Fundamentalisten aller Couleur spielen in Fontanes Werk nur eine bescheidene Rolle; «in meines Vaters Haus sind viele Wohnungen», hiess die Devise in der Potsdamer Strasse, wo Sachwaltern der Orthodoxie, Gesprächsverweigerern also und Feinden einer humanen Streitkultur, mehr als einmal der Garaus gemacht wurde. Fontane, ein Anwalt behutsamen Fragens und Zweifelns, ist ein Poet gewesen, der zeitlebens, aller Rechthaberei abhold, auf dem Weg war – und niemals am Ziel! Ein Christenmensch höchst besonderer Art: einer, der zwar den Predigern zugetan, im Gegensatz zu Emilie, seiner Frau, allerdings ein lässlicher Kirchgänger war; einer, der lieber über Prediger schrieb, als dass er ihnen *in natura* zuhörte. Und trotzdem gibt es in der Geschichte der deutschen Literatur niemanden, der, wenngleich ein wenig aus der Ferne, so glanzvolle Pfarrer-Porträts formuliert hat wie der Wanderer durch die Mark: ein Geistlicher so gut getroffen wie der andere, jeder mit seinen Stärken und seinen Schwächen ins Licht gerückt. Eine bezeichnende Passage aus dem ersten grossen Roman *Vor dem Sturm:*

An dieser Stelle hätte Pastor Seidentopf schliessen sollen; aber unter der Wucht der Vorstellung, dass eine richtige Predigt auch eine richtige Länge haben müsse, begann er, den Vergleich zwischen dem biblischen Pharao und dem Kaiser Napoleon bis in die kleinsten Züge hinein durchzuführen. Und dieser Aufgabe war er nicht gewachsen, dazu gebrach es ihm an Schwung der Phantasie, an Kraft des Ausdrucks und Charakters. Schemenhaft zogen die Ägypterscharen vorüber. Die Aufmerksamkeit der Gemeinde wich einem toten Horchen, und Lewin, der bis dahin kein Wort verloren hatte, sah von der Kanzel fort und begann seine Aufmerksamkeit dem Fenster zuzuwenden, vor dem jetzt ein Rotkehlchen auf der beschneiten Eibe sass und in leichtem Schaukeln den Zweig des Baumes bewegte.

So die Reminiszenz an Zeiten, in denen die Prediger auf ihren Kanzeln, vor den Rednerpulten, noch Sanduhren hatten, deren durch rasche Umwendung zum Rinnen gebrachte Körnchen anzeigten, wann Schluss gemacht werden müsse; in Seidentopfs Kirche gab es so ein nützliches Instrument, das den Pfarrer, der sich in der Unendlichkeit zu verlieren drohte, an die Endlichkeit erinnerte, offenbar nicht. Wie sie sich konkret ausnahm, diese Endlichkeit, wird, wir dürfen dessen gewiss sein, Fontane bei jenen bescheidenen Gottesdiensten erlebt haben, die er am liebsten besuchte. Unvergesslich die Beschreibung einer nachmittäglichen

Gemeindeversammlung in der Nicolai-Kirche am Molkenmarkt – mit Spitalfrauen, die rasch einnicken, und mit kichernden Waisenkindern, mit einem Kandidaten, der auswendig Gelerntes verliest, aber auch mit Bibelsprüchen und Lutherzitaten, die weckend ins Herz des Kirchenbesuchers fallen und mit Szenen von blitzartig überzeugender Kraft:

Einmal habe ich, hinter einem Pfeiler versteckt, einen weinen sehen, was mich mehr erschütterte als das hohle Pathos einer Iphigenie-Aufführung im königlichen Schauspielhaus.

Kurzum, wer den freisinnigen, aber ernsten, unorthodoxen und zugleich unermüdlich nach verborgenen Wahrheiten suchenden Christenmenschen Theodor Fontane sehen möchte, der wird ihn nicht in Glanz und Glorie und zuallerletzt im Kreis jener, auf die Wahrung der Allianz von Thron und Altar «schweifwedelnden Pfaffen» finden, den «Teufelskandidaten», die, wie es in einem Brief an Friedländer vom April 1894 heisst, allesamt «geschmort werden müssen», sondern in Alltags-Gottesdiensten, unter Landpastoren, den märkischen *vicars of Wakefield* als den Geliebtesten, bei denen er sich, im Epilog zu den *Wanderungen,* enthusiastisch bedankt. Und nicht zuletzt werden wir ihn auf Friedhöfen entdecken, der Humboldtschen Gedächtnisstätte in Tegel voran, deren Beschreibung, neben Pastor Lorenzens Totenrede, das Letzte und Eigentliche der Religiosität jenes Theodor Fontane sichtbar macht, die sich eher durch Hoffnung als durch Glauben bestimmt sieht. Bange und demütige Erwartung anstelle siegesgewissen Vertrauens – wie nah ist uns, nach den Katastrophen dieses Jahrhunderts, eine solche Haltung gerückt!

Fontanes Fazit lautet:

Die märkischen Schlösser haben abwechselnd den Glauben und den Unglauben in ihren Mauern gesehen; straffe Kirchlichkeit und laxe Freigeisterei haben sich innerhalb derselben abgelöst. Nur Schloss Tegel hat ein drittes Element in seinen Mauern beherbergt, jenen Geist, der, gleich weit entfernt von Orthodoxie wie von Frivolität, [...] lächelnd über die Kämpfe und Befehdungen beider Extreme das Diesseits geniesst und auf das rätselvolle Jenseits hofft.

Hoffnung, docta spes: wohlüberlegte, das Hier und Jetzt am Ende übersteigende Erwartung. War dies das letzte Wort? Es könnte so sein. Auf jeden Fall sollten wir, Fontanes Werke mit Entzücken und Bewunderung wiederlesend, von ihm lernen – von ihm, von Schleiermacher und (trotz mancher Bedenken) auch von Luther. Wobei wir, wenn wir das Gespräch ins Zentrum unserer Überlegungen stellen, gut daran tun, uns, zu geistig-geistlicher Stärkung, an die Worte aus Goethes *Märchen* zu erinnern, die da lauten:

«*Was ist herrlicher als Gold?*», *fragte der König.*
«*Das Licht*», *antwortete die Schlange.*
«*Was ist erquicklicher als Licht?*», *fragte jener.*
«*Das Gespräch*», *antwortete diese.*

Unter solchen Aspekten sollten wir einer gemeinsamen Sprache vertrauen, die, im Zeichen Christi, Feindschaft und Fremdenhass unter den Menschen beseitigt und, lutherisch gesprochen, dem «Zerteilen der Herzen» nicht anders als der «Zerstörung von Haushalt, Gesellschaft und Kirche» ein Ende bereitet. Unser Reformator hat gesagt:

Ich verstehe den Italiener nicht, der Italiener versteht mich nicht. Aber durch Christus verbunden, werden wir einander umarmen und küssen.

Wir Christen, füge ich hinzu, und unsere uns anvertrauten Gäste aus aller Welt, denen, wenn sie in Not sind, Asyl gewährt werden muss (zumal in den Kirchen, um Christi willen und im Geist der Worte aus der Apostelgeschichte, die für alle gelten), wir Christen und die Fremden, die nicht länger fremd sein sollen, die Waffenlosen (das Wort «A-sylanten» will genau übersetzt sein) und alle, die unserer im brüderlich-schwesterlichen Gespräch aufleuchtenden Zuneigung bedürfen.

Adolf Muschg

VOM ENTSCHULDIGEN

Ich entschuldige mich, sage ich Ihnen – und bevor Sie wissen müssen, wofür, sollten Sie mir gleich die passende Antwort geben: Sie entschuldigen sich? Das können Sie gar nicht.

Wie bitte – oder um es entschuldigend zu sagen: Pardon? Horchen wir doch einmal diesem Züglein aus drei Wörtern nach: Ich – entschuldige – mich. Das heisst doch auf gut deutsch: Ich nehme mir selbst die Schuld ab. Ich spreche mich davon frei. Und das in einer Situation, wo man um diesen Dienst zu bitten hätte. Entschuldige mich. So macht es vielleicht Sinn (um gleich noch ein Stücklein Dummdeutsch zu liefern): Wer mir eine Schuld von den Schultern nehmen kann, ist der Andere, das bist *du*. Ich selbst kann es so wenig, wie ich mir die Jacke im Rücken zuknöpfen kann. Ich entschuldige mich – das ist eigentlich mehr als gedankenlos, es ist unverschämt, ein Übergriff, eine Zumutung.

Auf diese Lesart wurde ich kürzlich in einem Zürcher Lokal angesprochen – von einem im PR-Wesen erfolgreich tätigen Zeitgenossen, der mir das nötige Sprachgefühl zutraut und mich darum gefragt hat, warum ich den Unfug «ich entschuldige mich» nicht einmal öffentlich an den Pranger stelle. Dies hier, liebe Gemeinde, ist also die Fortsetzung eines Gesprächs, von dem ich plötzlich gefunden habe, die Frage nach dem Pranger sei in diesem Fall eine, die sich auch auf einer Kanzel behandeln lassen müsse. Da gehöre sie eigentlich noch früher hin, schliesslich sei sie eine Spezialität dieses Raumes.

Die Kirche, in deren Glaube ich getauft und konfirmiert worden bin – die reformierte also –, wurde einmal geradezu auf diese Frage gegründet, auch wenn sie einst eher in sächsischem als in schweizerischem Tonfall gesprochen, nein ausgestossen wurde: Wie kriege ich einen gnädigen Gott? Es war, Gott wusste es, eine bange, eine sogenannte Gewissensfrage. Damals noch eine des Seelenheils für Zeit und Ewigkeit. Der Ablass tat es nicht, hatte der mit seinem Gott ringende Augustinermönch Luther entschieden. Wer mit Gott ins Geschäft kommen will, der spottet seiner, und auch mit guten Werken war es nicht getan. «Es ist doch unser Tun umsonst, auch in dem besten Leben.» Mein Recht- und Wohltun tut es nicht, solange ich dabei nach der Gnade schiele, wie der Hund nach der Wurst, für die er erst zu sitzen und Pfötchen zu geben bereit ist. Plötzlich kam die Kirche dem Bergmannssohn, der ihre Gelübde abgelegt hatte, wie ein einziges Sitzen und Pfötchengeben vor, bei dem es am Ende auch nur um die Wurst ging – und zwar die Wurst *für mich*. Und nun sollte mein Zutritt ins Paradies der Würste auch noch davon abhängen, wie oft und wie brav ich Pfötchen gegeben hatte, wie treuherzig ich dabei die Augen niedergeschlagen hatte, während ich zugleich nach der erhofften Wurst schielte? Und so glaubte ich einen gnädigen Gott zu kriegen?

Damit war ich ja schon ganz nahe bei jener Sorte Entschuldigung, die mein Gesprächspartner nicht erst für das ewige Leben, sondern schon im zivilen Alltag und aus bürgerlichen Anstandsgründen für schieren Hohn hielt, gegen den ich doch einmal deutlich antreten solle. Er dachte eher an eine Glosse oder eine Kolumne als an die Kanzel.

Aber jetzt stehe ich gerade da, ich kann nicht anders, und ich spüre schon die Versuchung, mich dafür zu entschuldigen. Denn was soll ich sagen? Luther hat seinerzeit mit der päpstlichen Kirche gebrochen, weil er den Hohn dieser Frage mit seinem Gewissen nicht vereinbaren konnte. Um genau zu sein: Die Kirche hatte ihn ausgestossen, weil sie fand, seine Gewissensfrage habe ihn nicht so ungebührlich zu bekümmern, sie sei ihrerseits eine Unverschämtheit und ein Hohn auf den Auftrag, den sie, als umfassende katholische Kirche, wahrzunehmen habe. Und der bestand nun einmal in der Stellvertretung des einzig wahren Gottes und der pflichtschuldigen Verwaltung seiner Gnadenmittel, und dies in einer unordentlichen und sündhaften, das heisst: allzu menschlichen Welt. Ihre Kunden dafür hatte sich die Kirche nicht ausgesucht; dass sie lausig waren, entband sie nicht von geistlicher Versorgung, sondern machte diese nur umso dringender. Die Ablasszettel gehörten nun einmal zu diesen Gnadenmitteln, sie waren gewissermassen die Volksaktien der Kirche, mit der sich die armen Sünder am Reich Gottes gewinnbringend beteiligen konnten, und wenn dabei auch für die Kirche selbst etwas abfiel, umso besser, denn auch sie musste in dieser lausigen Sündenwelt gelebt haben. Und wenn sie dabei auf Dekorum und eine gewisse Bequemlichkeit Wert legte, hatte sie das wohlverdient, denn sie liess sich den Dienst an den Armen und Gebrechlichen ja immer noch sauer genug werden.

Die Geschichte weiss, dass sich jener Augustinermönch bei dieser Gnadenpraxis nicht beruhigen konnte und am Ende lieber die Verdammnis dieser Kirche in Kauf nahm, als sich von ihr die bange Frage abkaufen zu lassen: Wie kriege ich einen gnädigen Gott? Er erlaubte sich, unter Seufzen und Tränen, eine stärker und grundsätzlicher fordernde Vorstellung von diesem Gott. Und da er dabei nicht so allein blieb, wie er fürchtete, sondern offenbar den Nerv vieler Zeitgenossen traf, blieb ihm nichts übrig, als eine eigene Kirche zu gründen, obwohl er's darauf wahrlich nicht angelegt hatte und alles andere, nur kein Papst werden wollte. Aber hochgestellte Anhänger, mächtige Landesherrn organisierten sie für ihn, die neue Kirche, und hatten dafür – menschlich, allzu menschlich, wie sie waren – ihrerseits zwar die frömmsten, aber zugleich machtpolitische und geschäftstüchtige Gründe.

So gab es sie denn eben, schlecht oder recht, die reformierte Kirche, welche die katholische, die es damit ebenfalls gab, nicht anerkannte und umgekehrt. Und über die gegenseitige Nichtanerkennung ist sehr viel Blut vergossen worden – bis heute, zum Beispiel in Nordirland. Und auch da waren die Gründe dafür nicht allein religiös, sonst hätte das Blut gar nicht fliessen dürfen, sondern politisch, sozial, kulturell, wobei jedes Mal die kleine Vorsilbe «macht» dazu zu denken ist. Und wer fromm ist – gleich nach welchem Bekenntnis –, denkt dann auch das Wort «Erbsünde» dazu. Deren Wege sind nie zimperlich gewesen. Wie zimperlich darf die Kirche, gleich welche Kirche, sein, um sie davon abzubringen? Wie weit muss sie die Wege der Macht mitgehen, und wie viel von ihrer Seele, ihrem Auftrag, ihrem Gewissen, ihrer Ehrlichkeit darf sie dabei in Kauf geben?

Das, liebe Gemeinde, ist genau die Frage, die mich inzwischen auch aus der reformierten Kirche entfernt hat; und es wäre noch schöner, wenn ich mich dafür entschuldigte. Natürlich bin ich, mit diesem Austritt, ein Reformierter geblieben, oder erst recht geworden. Wäre ich keiner, ich hätte es nicht für nötig gehalten, meinen Austritt schriftlich zu geben und zu begründen. Um Steuern zu sparen, habe ich es nicht getan – was für die meisten Zeitgenossen längst der vernünftigste Grund zu einem solchen Schritt geworden ist. Dafür glauben sie keine Entschuldigung mehr nötig zu haben – weder eine ehrliche noch eine verlogene. Ich gedenke meine Gründe zum Austritt aus der Kirche nicht gerade in einer Kirche aufzuwärmen; und auch ohne die Steuerfrage schliesse ich nicht aus, dass beim besten Willen viel Zwei- und Mehrdeutiges in diesen Schritt eingeflossen ist. Das dürfen Sie getrost voraussetzen, aber wenigstens würde mir nicht einfallen, deswegen eine neue Kirche zu gründen oder mir eine solche organisieren zu lassen, von wem immer. Dagegen würde sich mein Gewissen noch heftiger wehren als gegen eine zur Formsache gewordene Zugehörigkeit. Ich entschuldige mich auch dafür nicht. Wenigstens das nicht. Und doch stehe ich jetzt auf Ihrer Kanzel und denke über den – nur halb humoristisch gemeinten – Auftrag meines Zeitgenossen nach: die Floskel «ich entschuldige mich» wo nicht geradewegs zu exkommunizieren, so doch so madig wie möglich zu machen.

Das ist, wie sich versteht, ein unrealistischer Auftrag. Natürlich ist er wohlbegründet, auch ganz ohne Christentum. Man kann sich, wie mein Zeitgenosse, ehrlich darüber aufregen, wenn ein Fussballer, der einem andern mit einem sogenannten unnötigen Foul einen Knochen gebrochen hat, am Spitalbett seines für Monate geschädigten Mitarbeiters, womöglich die Hand treuherzig auf seinen Gips gelegt, frohgemut und natürlich in die laufenden Kameras verkündet: er habe sich entschuldigt, der Fall sei erledigt. Und dazu grinst der Eingegipste sportlich und einvernehmlich mit – die Clubanwälte scheinen sich über den Fall, Schmerzensgeld eingeschlossen, einig geworden zu sein, er kann ad acta gelegt werden. Solche Szenen gelten als sportlich und machen entsprechende Schlagzeilen. Ich entschuldige mich, ich entschuldige dich – alles eines, man weiss, was gemeint ist. Zerknirschung oder gar Tränen wären eine Zugabe; das einzige Sätzchen, das einem wirklich reuigen Täter zu Gesicht stünde – «es tut mir leid» –, hiesse, in der Akustik unserer Medien, auch nichts anderes als: Ich entschuldige mich. Diesen Service besorgt der Schuldige gleich selbst, innerer Dienst am Mann sozusagen, und damit ist er entschuldigt, das heisst, man kann ihm nichts mehr tun, und mit dieser Geschichte soll ihm jetzt keiner mehr kommen.

Ich will Ihnen nicht verbergen, dass ich, gegenüber meinem unerwartet moralischen Zeitgenossen aus der PR-Branche, meine ihn vielleicht überraschenden unmoralischen Einwände hatte. Sie waren zuerst ethnologisch, das heisst, mit Erfahrungen aus andern Kulturen begründet. In Japan entschuldigt man sich viel öfter als bei uns – es gibt ein ganzes Entschuldigungsrepertoire, und je näher man sich steht, je familiärer man miteinander ist, desto hörbarer wird der Grundton jeder Entschuldigung, nämlich der Vorwurf. Wer sich entschuldigt, meint eigentlich nicht, was er sagt, sondern eher das Gegenteil. Der in der Entschuldigung steckende Vorwurf hört sich zunächst exotisch an: «Was fällt dir ein, mich in eine Lage zu bringen, in der mir nur noch die Keule der Notwehr, der Befreiungsschlag bleibt: die Entschuldigung. Eigentlich hast du Schuld, dass ich sie dir über den Schädel ziehen und unsere Sozialbilanz mit solchen Mitteln ausgleichen muss.»

Gesellschaften, die das Individuum und seine Delikatesse weniger gross schreiben als die westlichen Gesellschaften, betrachten auch die Entschuldigung ritueller als wir. Zwischen Fremden mag sie eine Formalität bleiben, ein geläufiges Höflichkeitsritual. Unter Nahestehenden ist sie nichts dergleichen, sondern ein ziemlich heftiges Zeichen des Protests. Im Konsens, der am besten unausgesprochen bleibt, hat sich ein Riss aufgetan, und da wird die Entschuldigung zum Alarm. Die schöne Innerlichkeit des Gewissens, die bei uns im Westen aus dem Riss zu sprechen beginnt und diese Sprache für entwaffnend hält, ist in Japan kein Ersatz für wortlose Übereinstimmung. Im Gegenteil: Solche Geständnisse setzen die Zudringlichkeit, die Unverschämtheit fort. Da macht sich einer wichtig mit seiner Kränkung. Ob es nun seine oder meine sein soll: Ihre Äusserung selbst ist taktlos. Übereinstimmung bedeutet ja keineswegs, dass wir gleicher Meinung sind. Es bedeutet, dass es für unsere Beziehung keine Rolle spielen darf, welcher Meinung wir sind. Überzeugungen sind gewissermassen soziale Eitelkeiten. Man kann sie ja haben, aber davon viel hermachen soll man nicht. Etwas zugespitzt gesagt: Überzeugungen, die Menschen auseinanderdividieren, können nur falsch sein.

Da wir uns hierorts für eine Diskurs-Kultur halten, erwarten und verlangen wir, dass wir uns durch Reden ehrlich machen – also auch: durch Entschuldigen – und reden so, als verhielten wir uns tatsächlich danach. Ich fürchte, schon damit legen wir ein falsches Zeugnis ab. Auch bei uns trifft ja zu, was überall in der Welt gilt: Wir entschuldigen uns von Herzen ungern, und wenn wir es doch tun müssen, tun wir es sauer. Natürlich rede ich nicht von den Bagatellen, wo wir einem Mitmenschen die Schwingtür auf die Nase fallen lassen. Aber auch da schon kann – *qui s'excuse, s'accuse* – die Entschuldigung teuer werden: Wir könnten damit ja eine Haftpflicht anerkennen. Und in unserer verwalteten Welt werden immer mehr zwischen Menschen leicht mögliche

Fälle zu Haftpflichtfällen. Immer leichter kommt es vor, dass wir uns mit einer Entschuldigung schon eine Klage ins Haus ziehen, die wir uns gar nicht leisten können. Darum wollen wir es lieber schon vorsorglich nicht gewesen sein. Wenn der Postomat vor unserer Dorfpost die Karte meiner Frau verschluckt oder das Geld nicht hergibt, mit dem sie fest gerechnet hat, so löst eine entsprechende Rückfrage am Schalter dort alles andere als eine Entschuldigung aus. Geradezu reflexartig betont die Beamtin, das sei sie nicht gewesen oder das sei nicht sie gewesen, für diesen Defekt sei sie nicht zuständig. In der Kultur, aus der meine Frau stammt, wäre dies, auch wenn es zutrifft, nicht die Frage. Die Frage lautet: Wie bekommt das Unternehmen einen zufriedengestellten Kunden, wie fängt es seinen Ärger auf? Und darum wäre hier in jedem Fall zuerst eine Entschuldigung angebracht, und gern oder ungern abgegeben, wäre sie einfach das Minimum sozialen Taktes. Die individuelle Verantwortlichkeit spielt keine Rolle, auf dem Spiel steht das Renommee des Instituts, und jeder und jede darin Angestellte fühlt sich verpflichtet, diese durch eine sofortige Demonstration der Dienstfertigkeit, nützlich oder nicht, wieder herzustellen. Und zwar auch dann, wenn die Kundin am Nichtfunktionieren des Apparats durchaus selbst «schuld» gewesen sein sollte. Aber von Schuld ist im Grunde gar nicht die Rede, sondern von der Wiederherstellung des Beziehungsfriedens. Hier sieht die Entschuldigung wie eine Formalität aus, aber sie ist ein Vorschlag zur Güte.

Nun, «Dienstleistung» wird bekanntlich auch in der neoliberalen Revolution, die uns heute überzieht und unterwandert, gross geschrieben. Vom Puff über die Hochschulen bis zur Regierung wollen sie alle Dienstleistungsbetriebe heissen, und der Service ist danach. Er verbirgt kaum noch schamhaft, dass dabei einfach Personal eingespart werden soll. Die Beweislast für den Anspruch des Kunden, Dienste in Anspruch zu nehmen, wird dem Kunden zugeschoben. Auch der muss sich für den Kundenstatus eben qualifizieren, etwa indem er einen Computer bedienen kann. Auch auf der Nachfrageseite herrscht Konkurrenz, mit dem Vorteil für die Angebotsseite, dass sie keinen Angestellten dafür bezahlen muss, sich im Pannenfall beim Kunden zu entschuldigen, nur weil der halt von gestern ist. An Kunden von gestern sind die Geschäfte nicht mehr interessiert, gegenüber denen erübrigt sich auch das Entschuldigungswesen – und angesichts möglicher Schadensersatzforderungen verbietet es sich sogar. Für solche Fälle: Entschuldige dich lieber gleich selbst, statt an einem Apparat zu rütteln, der Dringenderes zu tun hat.

Es ist kalt geworden in unserer Gesellschaft, auch wenn sie uns an jeder Strassenecke Wärme andienen will, Geborgenheit und Sicherheit simuliert – sonst brauchte sie diesen Aufwand ja gar nicht zu treiben. Diese Kälte ist ein unerschöpflicher Markt für Kuschelware und wird nicht so leicht abnehmen. Für eine Bitte um Entschuldigung, die auch noch meint, was sie sagt – nämlich herzliches Bedauern für einen Missstand beim andern, an dem ich mich irgendwie beteiligt, wie entfernt auch immer mitverantwortlich fühle –, für diese Art Luxus und Zeitverschwendung ist immer weniger Platz auf dem Markt. Wem die Grazie oder gar die Gnade von Mensch zu Mensch immer noch teuer ist, der muss sie sich auch leisten können. Die Nachfrage nach dieser Mangelware ist gewaltig, und wie der Markt spielt, müsste es eigentlich mit dem Teufel zugehen, wenn ein findiges Angebot nicht in die Lücke spränge. Und das tut es ja auch, die Konkurrenz um unser Wohlbefinden tritt sich förmlich auf die Zehen, wir ertrinken geradezu in Billigangeboten – nur scheint es dabei in der Tat mit dem Teufel zuzugehen, denn bei dieser Mangelware sehen wir vor lauter Ware zwar den Mangel nicht mehr, umso fröhlicher oder unfröhlicher scheint er darin fortzuleben. Das geht so weit, dass uns, wie dunkel auch immer, diese Ware am Ende selbst wie der Mangel vorkommt, den sie zu beheben oder wenigstens vergessen zu machen verspricht. Auch zu entschuldigen brauchen wir uns kaum mehr selbst, wir können uns ja entschuldigen lassen – aber die Droge der Wellness muss, um wirksam zu bleiben, die Sucht nach Wellness immer wieder erzeugen; also auch den Mangel an ihr, der aber nicht laut werden darf. Immer cool sollen wir bleiben, wie die Drinks, die zum Service gehören. Für die Herstellung dieser Kälte ist, wie jeder Besitzer eines brummenden Kühlschranks weiss, allerhand Energie nötig, aber wir bringen es fertig, die entstehende Wärme als Abwärme verpuffen zu lassen und uns damit die Atmosphäre weiter zu verderben. Lauter Sachzwänge, die immer weniger reale Freiheiten lassen, dafür virtuelle Freiheiten immer wohlfeiler produzieren. Und das Beste daran: Da alle schuld sind, ist es keiner, also gibt es keinen Entschuldigungsbedarf.

Liebe Gemeinde, auch die Kirche ist auf dem Markt; auch sie muss sich als Dienstleistungsunternehmen empfehlen, das heisst: zur Entsorgung aller Lücken, die der Markt lässt, wenn er seine Lücken besetzt und so dicht wie möglich macht. Nach seinem System tut er das nicht anders, als indem er sich damit neue Lücken öffnet. Löcher zu stopfen, indem man neue Löcher reisst. Das war einmal das klassische Armutszeugnis; ich habe es auch als passendes Gleichnis der Schuldenwirtschaft kennengelernt. Auf dem Markt gibt es keine Entschuldigung dafür, denn er will keine nötig haben. So, sagt er, werden Bedürfnisse befriedigt, und es ist ja nur ein gutes Zeichen, dass unsere Bedürfnisse kein Ende nehmen. Dass bei uns der Mangel nie ausgehen darf, ist schliesslich die Chance des Markts. Was soll da eine Entschuldigung? Was bringt sie?

Doch, es bringt etwas, sagt der Geist des Hauses, in dem wir hier zusammengekommen sind; diese Firma lebt davon, dass das Entschuldigungsbusiness etwas bringt, seit fast 2000 Jahren. Es hat damit angefangen, dass sie kein Produkt unter die Leute brachte, sondern einen Menschen, einen mit 33 Jahren als Staatsverbrecher hingerichteten Juden, dessen schreckliches Ende sie nicht ertrug. Noch lieber, als dass er tot und passé sei, wollten jene, die ihn erlebt hatten, glauben, er habe sie zum ewigen Leben bestimmt. Seine Botschaft hatten sie so verstanden, dass er bald, als Lebendiger zu Lebendigen, wiederkehren würde. Und für die kurze Durststrecke dazwischen hatte er ihnen eine Wegzehrung, eine Notration mitgegeben (Brot und Wein) und darüber gesagt: Dies ist mein Leib, dies ist mein Blut. Er hatte, so verstanden sie ihn, ihre Schuld auf sich genommen, sogar diejenige an seiner Kreuzigung. Er hatte sie entschuldigt – also etwas, was keiner von ihnen gewagt hätte, auch nicht Petrus, der erste der Jünger, der ihn verleugnet hatte.

Er kam nicht wieder, sie mussten ihn falsch verstanden haben, und so halfen sie ihrem Verständnis nach. Damit wurde er von einem Menschen zu einem Produkt, und da es dafür einen unbeschränkten Markt zu geben schien, begann damit erst die unerhörte Erfolgsgeschichte der Firma, die den Misserfolg am Kreuz nicht wegzustecken bereit war. Sie verallgemeinerte das Schuldprinzip zu ihren Gunsten, sie brachte einen globalen Entschuldigungshandel in Schwung, der darin bestand, dass sie selbst Schuldige produzierte und denen, die sich nicht als solche empfanden, ihr Schuldbewusstsein beibrachte und notfalls mit Gewalt einträukte. Zugleich zog sie aber auch das Entschuldigungs-Monopol an sich. Sie spezialisierte sich auf das allein seligmachende Mittel der Gnade und schloss diejenigen, die sie damit nicht erreichte, von ihr aus.

Es waren viele blutige Jahrhunderte nötig, Aufstände, Spaltungen, Säuberungen bis zum Genozid, kurzum: ein epochaler Handelskrieg, um das Entschuldigungs-Monopol dieser Firma zu erschüttern. Aus diesem Prozess ging sie ihrerseits als schwer Beschuldigte hervor. Sie wurde ein Ärgernis, und solange sie es war, blieb sie lebendig; denn ihr Produkt musste sich an seiner Verheissung messen lassen, und diese war eine der Menschlichkeit, der keinen irdischen Gewinn bringenden und suchenden, darum absurden Menschlichkeit. Solange sie dieses Mass wie einen Dorn im Fleisch mit sich tragen musste, mochte sie so unglaubwürdig wie möglich sein: Sie gab doch ein Beispiel dafür, was Glaube, Liebe, Hoffnung unter Menschen zu bedeuten haben könnten; ein abschreckendes Beispiel, aber immer noch ein Beispiel.

Ihre Produkteigenschaften – auch die durchsichtigen, täuschenden, verlogenen – fahren fort, ihren eigenen Widerspruch durch die Geschichte zu transportieren wie die Zigarettenpackung ihre Warnung: *Caution, churchgoing can be a danger to your faith, to your safety, to your salvation.* Dafür haben starke Christen wie Kierkegaard in der Kirche so etwas wie die leibhafte Gotteslästerung gesehen. Dafür hat die Kirche keine Entschuldigung; und solange sie keine sucht, solange sie ihr Produkt so unbequem, sperrig, unverbesserlich und unverdaulich präsentiert, wie es von Haus aus ist, solange ist sie lebendig. Denn sie ist nicht auf dem Markt, um den Markt zu erobern, sondern um sich den Markt zu verderben.

Das war einmal? Ja, das war vor ihrer Dienstleistungsphase, als sie noch so töricht war, das Kreuz ihres Herrn mitzutragen. Heute handelt die Kirche vorwiegend mit den Souvenirs ihrer selbst und wird dabei windschlüpfiger und pflegeleichter. Dabei macht sie eine merkwürdige Erfahrung. Als sie den Markt noch mit ihren untauglichen Mitteln zu wenden suchte, mochte er ihrer spotten; man spuckte ihr auch ins Gesicht – anders als bei dem Menschen, auf den sie sich berief, durchaus nicht ohne Grund. Dennoch nahm sie unter Spott und Spucke etwas vom Glanz seines Gesichtes an und zeigte sich närrisch und hilflos wie er. Seit sie dem Markt entgegenkommt, etwas wie ein Drogenangebot unter andern geworden ist, stellt sie fest, dass die Konkurrenz diesen Transport besser besorgt, und sogar plausibler. Man ärgert sich nicht mehr an der Kirche – nicht einmal das, so wenig ist ihr an Glaubwürdigkeit geblieben. Dafür bezieht sie immer noch ein gesichertes Einkommen vom Staat, und für ihre Events – ausser, sie könnten wehtun – lässt sich auch immer noch ein Sponsor finden. Aber: Jesus ist, soviel ich gelesen habe, nicht in den Tempel gegangen, um einen Sponsor fürs Abendmahl zu finden, sondern um etwas zu opfern, das es nicht bei den Händlern zu kaufen gab. Dafür hat er sie zum Tempel hinausgeworfen.

Dafür gab es, da sie ihr Standgeld ja wohl bezahlt hatten, keine Entschuldigung. Er hat sich nicht entschuldigt; allerdings hatte er es, wenn ich recht gelesen habe, auch nicht auf die Schuld der Händler abgesehen. Es packte ihn einfach die Wut: Er wusste, wie kurz sein Leben war und wie teuer: Nichts daran ist käuflich oder verkäuflich, nichts daran verdient auf dem Markt vertrödelt zu werden.

Ich weiss nicht, wie ich an ein ewiges Leben glauben soll. Dafür glaube ich: Es braucht auch nicht länger zu sein als ein wirklich gelebter Augenblick. Wenn wir den nur an der Ewigkeit messen könnten, oder auch in Jahrzehnten: Wie begründeten wir den frühen Tod eines Kindes? Den millionenfachen Tod in den Lagern? Oder auch: einen einzigen Atemzug des Glücks?

Ich kann ja nicht einmal begründen, warum ich aus der Kirche ausgetreten bin, und fast ebenso wenig, warum ich hier trotzdem wieder in einer Kirche stehe. Ich entschuldige mich für beides nicht. Und ich bitte Sie, es auch nicht zu tun. Lassen wir einander doch etwas vom Letzten, was uns keiner verkaufen will und keiner abkaufen kann: unsere Fähigkeit zur Schuld. Ohne sie wüssten wir ja nicht einmal, was das für ein Licht ist, von dessen Schatten wir reden: die Gnade. Etwas davon beanspruche ich jetzt, indem ich Ihnen für Ihre Geduld danke, Ihre Langmut, Ihre Aufmerksamkeit.

Andreas Vollenweider

AUF DER SUCHE NACH DEM WUNDERBAREN

Ich muss ganz ehrlich gestehen: Dieser Morgen heute ist ein Jungfernflug für mich. Ich möchte mich ganz herzlich für die Einladung bedanken, die wahrscheinlich für Euch genauso viel Mut gebraucht hat wie für mich. Ihr wusstet ja auch nicht, auf was ihr euch da einlässt, weil ich ja eigentlich ein Harfenzupfer und kein Wanderprediger bin.

Natürlich hat mich die Einladung sehr gefreut, da es für mich schon auch ein bisschen ein Besinnen auf eine Gemeinschaft ist, in deren Traditionen ich einmal aufgewachsen bin und die mir doch noch immer sehr vertraut ist. Mein Vater war Organist im Zürcher Grossmünster und ein leidenschaftlicher Bach-Interpret. Das war alles schon Grund genug, weshalb die Kirche und ihre Welt in unserer Familie eine zentrale Rolle spielte. Alles dreht sich um Orgeln und damit natürlich auch um Kirchen. Wenn unsere Familie mit dem Auto unterwegs war – ein klappriger, alter Döschwo –, konnte mein Vater keine Kirche auslassen; es hätte da ja eine Orgel haben können, die nur darauf wartete, von ihm gespielt zu werden. Er war fast schon besessen von der Orgel, und so verbrachten wir Kinder sehr viel Zeit unserer kostbaren Schulferien in Kirchenbänken wartend, in Klostergärten und Friedhöfen herumstreunend und auf abenteuerlichen Streifzügen durch Krypten und andere Grabkammern, Kellergewölbe, Sakristeien, immer auf der Suche nach Geheimtüren zu Geheimbibliotheken mit geheimen, schweinsledernen Büchern, natürlich in Geheimschrift verfasst. Obwohl die Passion meines Vaters uns andere oft ganz schön nerven konnte, so muss ich doch gestehen, dass in dieser Zeit auch meine tiefe Affinität zu allem Mystischen geweckt wurde, einer Welt, die noch heute für mich grosse Bedeutung hat.

Dennoch, in meiner Zeit als idealistischer und fordernder jugendlicher Suchender hatte ich mein Denken ganz der Wahrheit, Echtheit, der politischen Direktheit und der konsequenten Gleichheit aller Menschen verschrieben. Ich hatte den Sinn und das Verständnis für das Komplexe der Wirklichkeit noch nicht ganz entwickelt und war allen Abweichungen von der Ideallinie gegenüber gnadenlos und unverzeihend.

Die Omnipräsenz der Kirche in meiner Jugend hatte natürlich auch zur Folge, dass ich unvermeidbar einen sehr tiefen Einblick hinter die Kulissen der kirchlichen Strukturen mit ihren Qualitäten, aber eben auch mit ihren grossen Widersprüchen erhalten habe. Aus diesen Erfahrungen entwickelte ich zunehmend eine kritische Haltung dieser Institution gegenüber. In mir wuchs ein unbändiges Freiheitsbedürfnis, verbunden mit dem tiefen Wunsch, meinen Weg zur Spiritualität «im freien Feld» des Lebens zu suchen.

Meine Mutter war eine begnadete Geschichtenerzählerin. Das Besondere ihrer Geschichten war, dass der Ort der Handlung fast ausschliesslich in der Welt des Kleinen lag, des Verborgenen, des Einfachen und doch Hintergründigen, was meinem leidenschaftlich-neugierigen Wesen voll entsprach. So war es ganz natürlich, dass ich meinen Blick schärfen konnte für das Grossartige und Essentielle hinter dem scheinbar Unbedeutenden und Nebensächlichen. In der Folge entdeckte ich immer mehr, dass gerade dort, ausserhalb der Schemen des rationalen Verstandes, sich die geheimnisvolle Welt des Unerklärbaren ausgesprochen deutlich offenbart. Hier, in den Welten zwischen den Zwischenwelten, fühlte ich mich immer mehr zu Hause, da wo wir auf unserer verzweifelten Suche nach Erklärungen und Beweisen meist gar so jämmerlich scheitern. Ich kann ein gewisses Mitgefühl für die bedauernswerten Vernunftmenschen mit ihrer Erklärungssucht nicht leugnen und muss gestehen, dass ich immer heilfroh und dankbar bin, dass ich die Musik habe. Sie zeigt mir geduldig immer wieder, dass dieses flüchtige Unerklärbare, das Unaussprechliche durchaus nicht stumm ist, sondern sich eben auf wunderbare Weise durch Melodie und Klang, Bewegung und Harmonie kundtut und sich als Weg der Erfahrbarmachung des Spirituellen durchaus bewährt, heute genauso wie in den Tausenden von Jahren Musikgeschichte.

In den über zwanzig Jahren meiner intensiven Konzertreisen rund um den ganzen Erdball – und das schliesst die archaischen Kulturen Afrikas und Asiens durchaus ein – konnte ich ganz lebensnah erfahren, wie Musik in der Lage ist, Menschen sehr tief zu berühren, eine Resonanz zu erzeugen, welche etwas in uns in Schwingung versetzen kann, ganz in der Tiefe, in der Ursuppe unseres Seins, da, wo wir uns noch längst nicht spirituell, konfessionell, rassisch, ideologisch, nationalistisch zugeordnet haben, ja sogar noch bevor wir uns geschlechtlich definieren, da, wo wir ganz frei sind von Strukturen, ganz nahe an unserem wirklichen Wesen, ganz nahe an dem, was wir wahrscheinlich Seele nennen.

Und was mich an diesen Erfahrungen immer ganz besonders berührt, ist, erkennen zu müssen, zu dürfen, dass wir in dieser Tiefe des Urmenschlichen alles wirklich Wesentliche teilen, dass hier eine unerschöpfliche gemeinsame Basis aller Menschenwesen bereits besteht, die sehnsüchtig darauf wartet, von uns gefunden, erkannt und gelebt zu werden. Hier, in diesem inneren Raum, in welchem nicht der Verstand dominiert, in welchem eine Art entspannte geistige Stille herrscht – nicht Stummheit –, offenbart sich diese Kraft, die wir alle suchen, ohne Ausnahme, und für die wir Kirchen, Moscheen und Tempel bauen, für die wir glauben Bücher schreiben zu müssen, die wir glauben erklären zu müssen und die uns doch zu den entscheidenden Fragen immer sprachlos bleiben lässt.

So hat mich die Musik gelehrt, Wunder einfach so zu geniessen, ohne sie durch Analyse zu zerreden, zu zerdenken und damit zu zerstören.

Wir haben die Welt vermessen, gewogen, berechnet, wir haben sie getestet und wir wissen eigentlich fast alles über fast alles, und dennoch sind wir weit davon entfernt, wirklich etwas Bedeutendes über den Atem des Lebens sagen zu können. Der russische Schriftsteller Ouspensky, Schüler des Philosophen Gurdjeff, hat über die Arbeit seines Meisters ein Buch mit dem Titel *Auf der Suche nach dem Wunderbaren* geschrieben; ich liebe diesen Titel und muss gestehen, dass ich ihn mir gerne hie und da ausleihe, um meinen eigenen Weg zu beschreiben, wenn mir wieder einmal die Worte ausgehen sollten. In diesem Titel brennt das ganze Feuer, welches mich seit meiner Kindheit zu unermüdlichem Fragen antreibt.

Ihr fragt Euch wahrscheinlich: «Okay, der Vollenweider sagt also, die Musik sei eine Art Schlüssel zu dieser verborgenen Welt? Klingt ja gut und schön ... aber das kann ja wohl nicht mit jeder Musik funktionieren.» An dieser Stelle müssen wir leider erkennen, dass die Musik durch die konsequente Industrialisierung weitgehend zum blossen Unterhaltungsfaktor verkommen ist. Über die letzten dreissig Jahre hat die Unterhaltungsindustrie wie kein anderer Bereich der Gesellschaft – abgesehen vom Hochleistungssport – einer kleinen Gruppe von Protagonisten Tür und Tor zu unermesslichem Ruhm und Reichtum geöffnet. Die grosse Masse – stets hungrig nach fantastischen Geschichten von superglücklichen Überfliegern – genoss den stetigen Nachschub an Projektionsflächen für die eigenen Träume, konsequent ausblendend, dass diese mit grösster Wahrscheinlichkeit für immer unerfüllt bleiben werden. In diesem Umfeld wurde das wirkliche Potential von Musik derart bis zur Unkenntlichkeit verwässert und verdünnt, dass kaum mehr etwas von der eigentlichen Kraft übrig geblieben ist.

Gewiss hat rituelle Musik wie die Gregorianik, die Sufigesänge, die indischen Ragas, die Gesänge tibetischer Mönche, die tiefschwarzen Gospellieder weltweit noch immer ein interessiertes Publikum, welches aber klar im Schwinden begriffen ist. Dennoch, es gibt kleine, kämpferische Gruppen, zu denen ich mich selbst bekenne, die glücklicherweise auch nicht ganz erfolglos versuchen, den Menschen in Erinnerung zu rufen, dass es da mehr zu finden gibt, dass Musik uns weit mehr zu bieten hat als nur akustische Dekoration, dass sie uns in eben diese Tiefen des Seins führen kann und dass wir diese «Dienstleistung» von der Musik durchaus einfordern dürfen, ja müssen!

Seit Menschengedenken haben wir versucht, die Grenzen des Verstehens grosser Zusammenhänge zu durchbrechen, den Raum dahinter zu erforschen und dieses Schweigen der wahren Wirklichkeit, die sich eben nicht auf die Ratio beschränkt, sondern das Spirituelle immer einschliesst, zu brechen. Verschiedene Wege sind wir schon gegangen; während die einen diese ganze Aufgabe an eine der gängigen religiösen Strukturen delegierten, sind andere eifrig losgezogen mit den scharfen Skalpellen der Wissenschaft, die Spiritualität zu beweisen, Gott zu beweisen. Brüchige Schriftrollen haben sie sorgfältig entrollt und haben sie zu entziffern versucht. Sie haben Leichentücher mit Chemikalien bespritzt und geröntgt und durchleuchtet und Beweise zu finden versucht. Und dann all die stigmatisierenden Madonnen, in Fleisch und Blut oder in Holz und Gips. Sie haben sie zersägt, um ihnen ihre Geheimnisse zu entreissen? Ich frage: Sind sie fündig geworden? Ich habe nichts gehört. Haben sie Gott gefunden? Davon hätte man sicher gelesen.

Einen ganz andern Weg zum Unerklärbaren haben die Naturvölker eingeschlagen. Ihre primitiven Vorstellungen vom Unerklärbaren strotzen natürlich vor Naivität. Mit Tänzen und Trommeln, Regenmachern und Medizinmännern pflegen sie heimliche und unheimliche Rituale. In ihrer überaus grossen Naivität suchen und finden sie das Unerklärbare in allen Dingen. Wie naiv, wie unvorstellbar primitiv! Sie sehen sich vom grossen Geist erfüllt, sie denken, dass es sie eigentlich nur durch den Geist erst gibt. Sie finden diesen Geist in der gesamten Schöpfung, in der Natur; aber ich bitte euch, das kann ja wohl schwer die Wahrheit sein, das ist doch viel zu simpel. Das ist nicht elegant, nicht spektakulär genug.

Ich muss gestehen: Ich bin ein kultureller Nomade und fühle mich eigentlich nicht einmal mehr wirklich verwurzelt in der Kultur meiner Heimat. Ihr müsst mich nicht bedauern, ich bin okay. Aber es geht einfach nicht mehr – es ist mir viel zu eng, zu reduziert –, mich festzunageln, zu beschränken; es entspricht einfach nicht mehr meiner Wahrnehmung der Wirklichkeit. Weshalb auch soll ich mich nur mit einem winzigen Ausschnitt begnügen, wenn ich doch das ganze Panorama haben kann?

Es scheint ganz so, als sei ich einfach zu viel gereist, und es ist mir dadurch einfach unausblendbar klar geworden, dass sich in jeder Ecke der Erde das gleiche Drama abspielt: Jede Gruppierung, und sei sie noch so klein, sieht sich als Nabel der Welt, als die Stelle, wo die Spitze des Zirkels eingesteckt wird, um dann die grossen Kreise der Wahrheit für den Rest der Welt zu ziehen. Dieses unselige Missionierungsbedürfnis ist ganz offenbar ein urmenschliches Bedürfnis. Und je grösser und komplexer eine Gesellschaft, um so weniger lebt auch ihre spirituelle Welt wirklich, sondern sie ist beeindruckend kunstvoll in Stein gemeisselt, unverrückbar, festgenagelt, ihrer wahren Essenz beraubt: der Dynamik des Fliessens.

Das war die Botschaft, die Siddhartha, auf seinem Weg zu Buddha, am Fluss von dem Fährmann Vasudeva erfuhr und die sein ganzes Leben veränderte: Die Essenz der grossen Zusammenhänge ist kein Zustand, sondern ein Prozess, ganz so wie die Gerechtigkeit, die Liebe, das Leben selbst. Sicher ist es durchaus praktischer, die Wahrheit in Stein zu meisseln, zu konservieren; aber dann müssen wir damit leben können, dass die Wahrheit des Wirklichen stirbt.

Am meisten überzeugen konnten mich Kulturen und Gesellschaften, deren spirituelle Welt ganz schlicht, ganz einfach, direkt und frei ist und, vor allem, die jeden Tag, jede Stunde Teil des Lebens ist.

Mithilfe der Musik und dank dieser nomadischen Lebensart hatte ich die grosse Chance für Begegnungen mit «einfachen» Menschen, die eben diese ganz einfachen Bilder des Geistigen und Grossen, des Unerklärbaren haben. Und sie haben mich auf Reisen in diese Zwischenwelten mitgenommen, wo man frei ist, wo man das Unfassbare, Unerklärbare nicht in den engen goldenen Käfig unseres Intellektes sperren muss, sondern es frei ziehen lassen kann; wo man es beobachten kann, wie es im freien Flug in herrlichen, weiten Bögen, sich ständig neu wandelnd, durch die Lüfte kreist, das Glücksgefühl dieser Freiheit laut herausschreiend.

Diese Reisen haben in mir eine tiefe Gewissheit verankert, dass das Wesentliche am ehesten in den kleinen und stillen Dingen zu finden ist, dass wir die Nähe und Verbundenheit mit dem grossen Ganzen, das manche eben Gott nennen würden, eher in einer Blume in unserem Garten finden können oder in einem Lächeln eines Freundes oder in einem Tautropfen oder dem Klang der Stimme eines Kindes, welches unseren Namen ruft, oder im Atem eines Menschen, den wir in seinen letzten Minuten begleiten. Wir suchen nach dem Grossen, Spektakulären, nach der tiefen Donnerstimme, die aus einem riesigen, brennenden Busch erschallt, nach Weltmeeren, die sich teilen, um uns, den Gerechten und Erwählten aller Welt, den Weg freizumachen; wir suchen diese spirituelle Erfahrung in Gebäuden, die speziell dafür gebaut sind. Da sitzen wir dann, zu ganz bestimmten Zeiten, auf langen Holzbänken und warten, er-warten, dass Es sich jetzt für uns auftut. Und da wir die Erfahrung gemacht haben, dass da sehr oft nichts kommt, sind wir heilfroh, dass wir jemanden haben, der uns so lange Geschichten erzählt, bis wir selbst schon glauben, dass wir es selbst gespürt, selbst erlebt haben.

Nun möchte ich gern etwas Musik machen auf einem ganz speziellen, harfenartigen Musikinstrument. Es ist ein einfaches Instrument, aber es hat Kraft. Ich habe überhaupt ein paar Sachen mitgebracht, die uns vielleicht ein bisschen von Vaduz wegführen imaginär, imaginativ, weil – die Welt ist gross und schön und spannend ...

Dies hier ist eine Kora. Sie wird noch heute gespielt, unverändert, wie vor vielen tausend Jahren. Die Kora ist das Instrument der Griots, der afrikanischen Troubadoure. Ihre Tradition lebt noch heute in weiten Teilen Afrikas und wird von Generation zu Generation weitergegeben, seit vielen tausend Jahren. Am einen Tag singen sie für die Ärmsten der Armen in den Dörfern, und am andern Tag spielen sie an den königlichen Höfen. Dadurch sind sie Wanderer zwischen den Welten und haben Einblick in die Vielschichtigkeit der Wirklichkeit.

Musik: ein federleicht tanzendes, fröhliches, rhythmisch repetitives, «perlendes» Harmonie- und Klanggeflecht ...

In Afrika würde das etwa 7 Stunden dauern, aber das geht jetzt hier ja nicht.

Ist es nicht erstaunlich, wie andächtig wir versinken in so etwas völlig Sinnloses wie Musik? Ich sitze hier und zupfe sinnlos an einem eigenartigen Instrument: Ist das nicht wunderbar, diese herrliche Sinnlosigkeit? Wir jagen unser ganzes Leben wie von Sinnen nach dem Sinn in allem. Und dann das! Erwachsene Menschen – gescheite, gebildete Menschen – sitzen einfach da und lauschen diesen eigenartigen, offenbar sinnlosen Geräuschen, die wir als Musik bezeichnen.

Ihr findet das etwas provokativ? Es ist die Wahrheit: Die Musik an sich ist ohne jeglichen Sinn, sie ist tot. Der Sinn kommt erst dann dazu, wenn ein Hörer oder eine Hörerin sich öffnet und es zulässt, dass sich die Musik mit seiner oder ihrer Gefühlswelt im eigenen, inneren Raum verbindet. Dort wird der mögliche Sinn einer Musik erst zum Leben erweckt und mit Inhalt und Leben gefüllt, ganz persönlich und individuell.

Genauso verhält es sich doch auch mit einem Buch: Ein Buch auf dem Tisch oder im Regal ist tot, einfach ein Stapel Papier mit schwarzen Zeichen darauf gedruckt. Erst wenn jemand das Buch öffnet, zu lesen beginnt und die Zeichen und Worte mit eigenen Bildern, Geschichten und tiefen Gefühlen verbindet, beginnt das Buch zu leben, eben ganz persönlich und individuell, nicht wiederholbar. Das Buch wird also in gewisser Weise vom Leser selbst immer wieder neu geschrieben. Genauso verhält es sich mit einer spirituellen, einer religiösen Idee: Ohne uns und unsere Erfahrung ist sie tot.

Dieses Einhauchen des eigenen Lebensatems ist ein hochkreativer Prozess. Was geschieht? Unserer innerer Raum ist nicht leer – hier ist alles zu finden, was uns wirklich zu dem macht, was wir sind: unsere Träume, Hoffnungen, Wünsche, Erinnerungen, Ängste und Zweifel. Er ist unsere einzige wirkliche Heimat.

Obwohl unsere Zeit doch offenbar ganz auf die Leistungskraft unseres Verstandes vertraut – mit all seinen Power-Instrumenten wie den prall gefüllten, hochverlinkten Datenbanken, den zigfach gegengeprüften Statistiken, den wassergekühlten Hochleistungsrechnern und weltumspannenden Informationsmatrixen in Lichtgeschwindigkeit –, so ist es dennoch erstaunlich, wie all die uralten, schlichten und direkten Fragen nach wie vor unbeantwortet bleiben. Und obwohl wir doch in allem so unendlich und erschöpfend aufgeklärt sind, verzeichnen spirituelle Lebensfragen heute geradezu eine Hochkonjunktur. Viele junge Leute suchen nach Antworten, meditieren oder machen Poweryoga, pilgern nach Santiago de Compostela, nach Indien, bilden religiöse Gruppen mitsamt DJ und Samstagabendpartys, suchend nach ihrem persönlichen, tieferen Sinn.

Vor diesem Hintergrund müssen wir uns doch wirklich fragen: Wenn sie doch so sehr nach ihrer Spiritualität, nach ihrer religiösen Erfahrung suchen, weshalb bluten denn unsere traditionellen religiösen Gemeinschaften, die ja die Spezialisten in dieser Sache sind, immer mehr aus? Es scheint ganz so, als dass es einfach immer weniger Leute gibt, die diese Sprache verstehen, die auf diese Art und Weise zu erreichen sind. Sie wollen etwas Echtes erfahren, etwas Wirkliches, etwas Fassbares. Kann es sein, dass die christliche Spiritualität vom Herzen (vom Bauch) in den Kopf gerutscht ist und dass sich das wirklich Wichtige dieser Botschaft jetzt im Kopf abspielt – quasi abgehängt von da, wo wir uns selbst wirklich spüren können?

Wir sprechen zu den Menschen in fremden Bildern aus fremden Zeiten: von brennenden Büschen, von sprechenden Bergen, von Wundern an Nomadenvölkern. Man hat uns zwar gesagt, dass wir uns kein Bild von Gott machen dürfen, und trotzdem lässt Er uns durch seine Vertreter sagen, dass *Er* uns liebt – oder ist *Er* eine *Sie?* Und obwohl *Er* oder *Sie* kein Gesicht haben darf, hören die Jungen vielleicht eine Weile zu und sagen dann irgendwann: «Sorry, ich spüre nichts, es fährt mir nicht ein, ich fühle mich nicht angesprochen, ich habe nichts am Hut mit diesen Nomaden von vor vielen tausend Jahren.» Sie misstrauen dieser Religion, die sich im Kopf abspielt und bei der man, um einen Zugang zu bekommen, über Wüstenvölker früherer Jahrtausende und ihre Geschichten und Metaphern mehr wissen muss als über unsere eigene Zeit. Hier fehlt doch eine Brücke.

Ich habe oft mit jüngeren Leuten über dieses Problem gesprochen. Sie sagen, dass sie die Geschichten nicht verstehen und dass sie nichts mit ihrem Leben zu tun hätten. Es ist die persönliche Erfahrungsmöglichkeit, die offensichtlich fehlt, das persönlich berührt Werden, die eigentliche spirituelle Erfahrung, das «*Ich* bin gemeint.»

Dabei wär's eigentlich eine wirklich gute Zeit für sie zum Spüren. Es gibt verschiedene Indikatoren dafür. Sie steigen hinauf mit ihren Snowboards auf die höchsten Berge, lassen sich hinunterstürzen in die tiefste Tiefe, ohne Furcht vor Schmerz oder Gefahr. Um sich zu spüren, um zu fühlen, dass man lebt. Es sind Schreie nach Sinn und Halt – und Erfahrung. In diese dramatische Dynamik mischen sich schliesslich auch noch Impulse einer Todessehnsucht aus unserer Tiefe, die wir Menschen alle haben, auch wenn wir es oft nicht sehen wollen: diese verschwommene, weit entfernte Erinnerung, dieses Heimweh nach etwas Fremdem und doch Vertrautem.

Oder ist es vielleicht möglich, dass gerade der Moment der Hingabe, wenn sie sich hinunterstürzen vom Berg, für sie bereits eine spirituelle Erfahrung ist? Ist diese verzweifelte Erfahrung die von den meisten Religionen als Bedingung geforderte bedingungslose, absolute Hingabe? Hier ist es doch wieder, dieses Unerklärbare, denn wie verträgt sich dieses exzessive Mass an bewusster Risikobereitschaft, die ja weltweit gesehen in unserer Kultur besonders hoch ist, mit unserer Vernunftsgesellschaft?

An dieser Stelle müsste ja eigentlich spätestens unser Überlebenstrieb einsetzen und uns daran hindern, uns diesen Gefahren auszusetzen. Hier muss also eine wirklich gewaltige Kraft am Werk sein. Hier muss etwas aus den tiefsten Schichten unseres Unbewussten – kollektiv und individuell – aktiv werden.

Ich bin ein bekennender Menschen-Fan, ein glühender Verehrer unseres menschlichen Potentials. Wir sind fantastische Wesen! Allein was wir mit unseren Händen schaffen können, mit den Fingerspitzen, die Präzision der Feinmotorik, die kontrollierte Kraft – einfach grossartig. Aber das ist erst der Anfang. Denken wir an unsere kreative Kraft, Dinge bewusst umwandeln zu können, vom Dunklen, Negativen in etwas Leuchtendes, Positives. Darin sind wir einmalig! Und denken wir an die Wichtigste all unserer Kräfte: unsere Liebesfähigkeit, die Fähigkeit zu Mitgefühl! Das ist es, was uns unterscheidet von allem anderen, das ist das Geschenk, welches wir bekommen haben. Der Überbringer hat uns nicht ohne Grund bei der Übergabe tief in die Augen geschaut und uns mit ernster Stimme gesagt: «Macht etwas daraus, in diesem Geschenk liegt der Sinn, sucht nicht weiter, in eueren Händen liegt er, in euren Herzen.»

«Guten Morgen», höre ich die Stimme der Flugbegleiterin. «Es ist Zeit zum Aufwachen, wir landen in wenigen Minuten. Möchten sie die Morgenzeitung?» In der Tat, es ist Zeit zum Erwachen aus diesem Traum, denn gerade weil ich dieses überwältigend grossartige Potential, diese tiefste Wirklichkeit und Tatsache kenne, bin ich zutiefst erschüttert und bitter enttäuscht, was wir daraus machen! Was für eine jämmerliche Bilanz! Was für eine bodenlose Enttäuschung! – Ent-Täuschung? Den schwachen Zweiflern unter uns schiesst natürlich sofort der Gedanke durch den Kopf: «Habe ich mich täuschen lassen, und dieses positive Potential ist nur eine Fata Morgana?»

Kann es sein, dass unser oft rätselhaftes, selbstzerstörerisches Verhalten womöglich zu tun hat mit dieser bitteren Enttäuschung, diesem Wissen um unser permanentes, jämmerliches Versagen durch all die Generationen seit Menschengedenken? Immer wieder haben wir Hinweise und Warnungen bekommen. Was haben wir daraus gemacht? Wir haben uns von dunklen Herren, die wir selbst an die Macht gebracht haben, dazu verführen lassen, unsere Lehrer zu unseren Feinden zu machen, haben versucht, sie mit allen Mitteln wirkungslos zu machen, haben sie erschlagen, verbrannt, ans Kreuz genagelt und haben unser Potential auf «Fressen oder Gefressenwerden» oder «der Stärkere überlebt» reduziert, banalisiert. Ozeane von Blut und Tränen haben wir uns gegenseitig zugemutet.

So eine tiefe Enttäuschung im Zentrum von uns selbst, das muss doch Spuren hinterlassen. Diese bittere Erkenntnis unseres chronischen Versagens reichert sich doch in unseren Seelen an wie das Schwermetall und andere Umweltgifte in unserem Blut.

Und wer sind sie, diese dunklen Herren? Ich sage es nicht gerne, es bricht mir das Herz. Es schmerzt ganz besonders, weil gerade aus dieser Ecke doch das Positive, die Motivation, die Inspiration, die Erkenntnis der bedingungslosen Liebe hätte kommen müssen. Die Rede ist von unseren Religionen und ihren Kirchen, Moscheen und Tempeln und ihrem Personal. Von hier aus zieht sich eine Spur der Zerstörung durch die Welt und ihre Geschichte. Ihre Hohepriester, Mullahs und Schriftgelehrten haben uns über Jahrtausende unermüdlich und mit geradezu perverser Leidenschaft fürs Detail erklärt, dass wir Sünder seien, Versager, grundsätzlich niederträchtige Wesen, eine Enttäuschung für unseren Schöpfer, gleich von Anfang an, noch bevor wir irgendetwas hätten falsch machen können. Dieses zutiefst Böse ist nur durch eine umfassende Entmündigung zu bändigen. Das ist eine klassische Gehirnwäsche, nach allen Regeln der Kunst. Und wer hat sie durchgeführt? Wir an uns selbst! Wir haben es zugelassen, dass einige unter uns sich uneingeschränkte Macht über uns verschafft haben – alles im Namen des Glaubens, ja, noch schlimmer: im Namen Gottes.

Aber es ist eindeutig versäumt worden, uns jemals zu sagen, wie grossartig wir auch sein können mit all unseren herausragenden Fähigkeiten: unser geistiges Potential, unsere Fähigkeit des Mitgefühls, unser tiefes Bedürfnis, geliebt zu werden, und ganz besonders eben mit unserer Fähigkeit, andere zu lieben.

«Self-fulfilling prophecy» nennt man diesen Prozess, also eine sich selbst erfüllende Voraussage! Diejenigen unter uns, die Kinder haben, wissen sehr genau, was damit gemeint ist. Es ist ganz klar, dass wir Eltern das Positive stärken müssen, die Kinder für ihre Bemühungen loben und unterstützen. Nur so können wir hoffen, dass aus ihnen selbstsichere, starke Erwachsene werden, Persönlichkeiten mit gesundem Selbstwertgefühl. Stattdessen haben wir uns zu genau diesem kollektiven Wesen entwickelt, welches uns die dunkle Prophezeiung vorausgesagt hat. Auch wenn die Glut des Positiven nach wie vor in uns glimmt, so ist sie mittlerweile sehr tief begraben, und es bedarf viel Kraft – und Glück –, sie freizulegen.

Wie konnte das alles geschehen? Was können wir tun, hier und heute? Diese Fragen kämpfen erbittert darum, gestellt zu werden. Besonders erschwerend ist dabei, dass wir wahre Meisterwerke der Beschönigung geschaffen haben, um nicht sehen zu müssen, was wir nicht sehen wollen, um diese Fragen eben nicht stellen zu müssen. Wir wissen ja nur zu gut, dass die Qualität der Frage entscheidet über die Qualität der Antwort.

Hier täten Brücken not zu der rational nicht leicht zugänglichen Welt in unserer Tiefe. Hier müsste ein Dialog zum Unerklärbaren geschaffen werden, ein Vokabular, mit dem wir in Kontakt treten können mit dieser eigenen Tiefe, der Dimension des seelischen Seins.

Ihr werdet sagen: «Ja, Vollenweider, du hast nicht verstanden, genau hier beginnt eben der Glaube». Aber dann möchte ich gerne wissen, weshalb gerade die Kirche, die höchste Instanz in Sachen Glauben, eine der differenziertesten Wissenschaften mit einem Heer von Gelehrten betreibt, deren einzige Daseinsberechtigung scheinbar darin besteht, die Gläubigen stetig mit Erklärungen und Beweisen zu füttern und um ihr Innerstes mit Erwartungen nach bestimmten Formen spiritueller Erfahrung bis an den Rand anzufüllen, die Regungen des Eigenen, Persönlichen dabei weitgehend erstickend.

Ich hoffe, Ihr verzeiht meine Offenheit, aber gerade dieser Beweisführungswahn, dieses immer wieder sich selbst erklären Müssen, erscheint mir geradezu blasphemisch. Was entstanden ist, können wir als «die Gebrauchsanweisung des Unerklärbaren» bezeichnen. Was für eine Farce! Was für ein Widerspruch! Was für ein Zeichen für einen akuten Mangel an Vertrauen – und an Glauben.

Unser Verständnis für das, was wir «unsere Seele» nennen, ist im Laufe der Zeit in Wirklichkeit weitgehend pragmatisch geworden. In diesen engen, goldenen Käfig der Erklärbarkeit gezwängt, halten wir unsere Seele gefangen. Augenblicke der Freiheit gibt es nur dann, wenn wir uns für kurze Zeit verlieren können in den Wogen von Emotionen: wenn wir uns beispielsweise unsterblich verlieben – oder wenn unser ganzes Erklärungssystem durch unerklärbare Schicksalsschläge zusammenbricht. Dann bäumt sich die Seele unüberhörbar schreiend auf.

Daraus ergibt sich nun eine sehr schwierige Ausgangslage: Der innere Mensch und sein Äusseres – die Seele und die Hülle –

stehen sich als Fremde gegenüber, manchmal sogar als Feinde. Sie sprechen eine andere Sprache, verstehen sich nicht.

Und hier kommt eben wieder die Musik ins Spiel! Musik vermag diese Brücke zu bauen, sie kann unsere Seele ohne den fatalen Umweg über den Verstand direkt erreichen. Musik kann Momente schaffen – ganz schlichte und einfache Momente, in denen wir uns verlieren können; heilsame Momente, in denen Ruhe einkehrt, um uns ein bisschen Anteil haben zu lassen an der Ewigkeit, an der Unendlichkeit, wo der Begriff «Gott» bereits schon zu viel Struktur bedeuten würde – herrlich namenlos, erholsam gedankenlos, erfrischend wortlos und wunderbar wunschlos. Musik kann uns wegführen aus dieser Arena des Kampfes und kann schwebende Momente schaffen. Das ist es, was ich in der Musik suche: diese schwebenden Momente.

Während wir hier in unserer westlichen Welt sehr nach aussen gerichtet sind, haben die asiatischen Kulturen Wege entwickelt, wie die Menschen über Kunst, Literatur und Musik zum Schweben gebracht werden können, damit sie sich für einen Augenblick von der Schwere und der Dominanz von Ratio und Physis lösen können und ihre Imagination, ihre Vorstellungskraft sich in Bewegung setzen kann, damit sie «in sich hinein hören und sehen können».

Ich möchte euch jetzt gerne ein bisschen Musik machen auf einem Instrument aus dieser asiatischen Kultur. Das Instrument heisst Gu-Cheng und ist eigentlich so etwas wie eine chinesische Harfe. Es besteht allerdings die grosse Gefahr, dass ich mich im Spielen verlieren werde, dass ich zu sehr ins Schweben komme und ich jedes Zeitgefühl verliere. Sollte es in diesem Sinne eskalieren, müsste halt jemand von Euch mich dann wieder zurückholen und wecken, weil Ihr habt ja sicher auch noch was anderes vor heute.

Das Instrument: ähnlich wie die japanische Koto, ein langer, rechteckiger Resonanzkörper, über welchen die Saiten gespannt sind. In bestimmten Abständen sind die Saiten auf dem Schallkörper über kleine Stege in zwei Bereiche geteilt: den Spielbereich und den Modulierbereich. Dabei wird die Saite mit der rechten Hand im Spielbereich gezupft und mit der linken im Modulierbereich gebogen (Portamento, Vibrato).

Die Musik: sphärisch, pentatonisch, kontemplativ.

Ja, ja, die Zeit ... Das grosse Gefäss unserer Menschenzeit ist angefüllt von aktivem, pulsierendem Leben. Doch oben drauf liegt ein schwerer und fester Deckel, und darauf sitzt – in höchster Anspannung – ein silberglänzender, feuerspeiender Drache: die Erwartung. Er er*wartet* etwas Unbestimmtes, etwas, das aber jeden Moment kommen könnte. Und solange dieses Es nicht kommt, bleibt der Deckel fest verschlossen.

Wir leben, als ob wir alle auf etwas Unbestimmtes warten würden, auf einen entscheidenden Impuls von aussen. Wir mögen uns gar nicht recht engagieren in unserem Leben, da wir glauben, unsere Zukunft hänge weitgehend von einem mysteriösen Impuls von aussen ab.

Es gibt sogar eine religiöse Gruppierung in der Gegend des Toten Meeres, auf einem heftig umkämpften Stück Land, die immer noch auf den Messias, den Erlöser wartet: Der kommt dann schon noch. Das ist quasi ein Leben im geistigen Wartesaal. Gut, es kann durchaus sein, dass sie recht haben, ich frage mich allerdings: Würden sie ihn wohl erkennen, diesen Erlöser? Er trüge vielleicht keine konforme Kleidung, er wäre vielleicht unrasiert, langhaarig, vielleicht wäre er eine sehr unscheinbare Erscheinung. Und schon hätten sie ihn verpasst und müssten womöglich wieder Hunderte von Jahren warten ...

Ich bin unterwegs in Zürich, gehe vom St. Peter durch die Altstadt zum Helmhaus an der Limmat. Gerade als ich in die Storchengasse einbiegen will, stosse ich beinahe mit einem alten Mann zusammen. Während ich mich vom Schreck etwas erhole, schaue ich mir den Alten etwas genauer an. Er hat langes, strähniges, graugelbes Haar, das er offen trägt. Seine Kleidung ist schmutzig und abgewetzt. Wie ein Fischer, der mit Schwung sein Netz auswirft, fängt er meinen Blick mit seinen tief im uralten, zerfurchten Gesicht liegenden, wachen Augen ein, und noch bevor ich Gelegenheit habe zu fliehen, spricht er mich an und sagt mit schelmischem Lächeln: «Es könnte eine gute Zeit werden, denn ihr seid die, auf die ihr gewartet habt!»

Es ist an uns selbst, uns aus der erstickenden Umklammerung dieser Erwartungen zu befreien, den Deckel zu sprengen, den Drachen zu verscheuchen. Wirklich da sein, einen Anker auswerfen, von uns selbst kompromisslos stets die Erfahrung zur Theorie fordern. Sein im Hier und Jetzt, ohne Armeen von Akademikern zu bemühen, die uns alles vorkauen, ohne die spirituelle Erfahrung zu delegieren, auch nicht an die Kirche. Da, wo wir gerade stehen, das, was wir gerade sehen, spüren, schmecken, riechen, hören – all dies ist dazu da, um uns immer wieder mit dem Ganzen zu verbinden.

In den Gesprächen an unserem Familientisch sind solche Themen recht häufig. Wir sind irgendwie alle vom Neugierde- und Fragevirus befallen. Natürlich drängt sich da auch immer wieder der ganze Fragenkomplex um den «Begriff Gott» auf. Unsere Kinder sind 9, 11 und – 13 (ich muss immer nachdenken, denn es ändert ja jedes Jahr wieder). Alle drei wissen, dass wir uns keinen alten, weissbärtigen Mann vorstellen dürfen, der da oben im Himmel wohnt. Okay, dann versuchen wir es einmal mit Erklärungen wie: «Er ist in allem» oder «das geistige Ganze».

Hier erleben wir ganz deutlich das Grenzland unseres Verstandes. Wie bereits zuvor mehrfach erwähnt, haben wir unsere Wahrnehmung hauptsächlich auf den Verstand, den Intellekt, das Erklärbare, Fassbare reduziert. Dazu gehören natürlich auch die physischen Wahrnehmungskategorien unserer Sinne: Riechen, Schmecken, Hören, der Tastsinn. Grosszügig gestehen wir uns auch noch etwas Wahrnehmungsfähigkeit im Bereich des Emotionalen zu. Aber dann ist Feierabend. Möglichkeiten und Techniken, dieses Instrument der Wahrnehmung zu erweitern und zu kultivieren, wie wir es von den Kulturen des asiatischen Raumes her kennen – am bekanntesten sind wohl ihre Meditationstechniken –, mögen wir nicht recht glauben und tun es als esoterischen Hokuspokus ab.

Wir erachten es als selbstverständlich, dass die Muskeln in unseren Körpern trainiert werden müssen, damit sie sich überhaupt bilden können und uns zur Verfügung stehen, wenn wir sie brauchen. In der Musik machen wir Gehörbildung, um die Intervalle besser erkennen zu können, wir lehren die Kinder sprechen – und wir martern sie mit komplizierten Rechenaufgaben, weil wir wissen, dass so unser Verstand geschärft wird und er uns so mehr Nutzen bringen kann. Dass wir aber genauso auch unsere Wahrnehmungsfähigkeit des Spirituellen, des Geistigen und all dessen, was ausserhalb der Welt der Ratio liegt, schärfen müssen, trainieren müssen, dafür verschwenden wir keinen Gedanken.

Weil wir aber trotz aller Ignoranz ahnen, dass das Spirituelle irgendwie dazuzugehören scheint, haben wir unsere Vorkauer, die uns Eselsbrücken bauen durch Geschichten von unbefleckten Marien, von Nomadenvölkern und natürlich auch wieder von den brennenden Büschen und all diesen Dingen. Dann wissen wir endlich, wie so eine spirituelle Erfahrung auszusehen hat, nach was wir Ausschau halten sollen. Und nach einiger Zeit sind diese Eselsbrücken dann zum eigentlichen Inhalt geworden, und wir reagieren äusserst gereizt, wenn dann jemand daherkommt und uns mit der Wahrheit über diesen Umstand konfrontiert.

«Alles gut und recht, Vollenweider! Aber gib uns doch ein paar Beispiele, wie wir ‹dieses Ganze› spüren können, wie sich das anfühlt. Wohin sollen wir reisen, um das zu erleben – nach Nepal, Tibet, Indien? Du hast gesagt, man soll Musik hören. Aber wir können ja nicht den ganzen Tag einfach Musik hören ...»

Sicher, Musik macht es einem leicht. Aber es gibt auch andere Wege, Kontakt aufzunehmen mit diesem Gefühl für «dieses Ganze». Alles, was wir dazu brauchen, ist etwas Zeit zu verweilen, genau hinzusehen, zu warten, zu beobachten. Am Leichtesten macht es uns natürlich die Natur. Dabei können wir irgendetwas nehmen, es muss nichts überwältigend Grosses sein. Sogar ein ganz gewöhnlicher Spatz oder eine winzig kleine Spinne kann uns führen vom ganz Kleinen ins ganz Grosse und damit zum «Ganzen».

Die Spinne auf unserer Fensterbank hat Eier gelegt, eingewickelt in ein zart rosafarbenes Gewebe. Wir hatten eigentlich vor, beim nächsten Putztag diese rosa Bällchen zu entfernen. Das wäre sehr schade, denn in ein paar Tagen wird sich hier auf dieser Fensterbank die Kraft «des Ganzen» auf beeindruckende Weise manifestieren. Wir werden

Zeuge sein, wie die kleinen Spinnen – kaum aus dem Ei geschlüpft und ohne sich nach der Mutter umzusehen, ohne von der Mutter auch nur die geringste Anweisung erhalten zu haben – sofort damit beginnen, ein Netz zu bauen, welches sich in Perfektion und Anordnung des gesamten komplexen Fadensystems in keiner Weise vom Netz ihrer erfahrenen Mutter unterscheidet. Wir können erkennen, wie sicher dieses winzige Wesen die Fäden führt, ohne die geringste Zögerlichkeit; eine Konstruktion von geometrischer Genialität, die selbst Einstein und Platon mit weit offenem Mund staunen lassen. In diesen Vorgängen können wir das Wirken «des Ganzen» aus der Welt jenseits des Verstehbaren erkennen, erspüren.

Das ist nun ein Trainingsbeispiel, ein Einstieg, bei welchem wir selbst eher noch etwas passiv sind, abgesehen vom offenen Mund. Aber machen wir doch noch eine weitere Übung. Wir unternehmen einen Spaziergang im Wald. Wir verlassen den Weg und dringen tiefer in den Wald ein und stehen dann einfach still zwischen all den Bäumen. Dann schliessen wir die Augen. Wir beginnen, in die Tiefe des Waldes hineinzuhören, wir nehmen also als Einstieg einen unserer geübten Sinne zur Hilfe. Wir werden erleben, dass das Geflecht aus Geräuschen von fern bis nah die Dimensionen des Waldes für uns immer deutlicher spürbar machen. Dann versuchen wir – noch immer mit geschlossenen Augen –, den uns am nächsten stehenden Baum zu spüren, seine physische Präsenz. Wir gleiten mit unserer Wahrnehmung vom Boden aus dem langen Stamm entlang nach oben, bis in die Krone des Baumes. Sollte es nicht gleich auf Anhieb gelingen, gehen wir zurück zum Hören und versuchen es dann gleich noch einmal. Ich verspreche Euch, es wird klappen! Dann nehmen wir einen zweiten

Baum dazu und einen Dritten. Wir weiten unsere Wahrnehmung des Waldes immer mehr aus. Mit einem Mal werden wir ein eigenartiges, tiefes Gefühl empfinden, als hätten wir uns selbst vergrössert, erweitert, als seien wir ganz hier bei uns, gleichzeitig aber auch verbunden mit den Bäumen und Geräuschen in weiter Ferne. Dann breitet sich in Kopf und Oberkörper ein intensives Gefühl von Verbundenheit zu etwas Grossem und Ganzen aus. Dann sind wir ganz im Hier und Jetzt. Auch schon nach dem allerersten Übungserlebnis stellt sich ein wunderbares Gefühl ein, welches man nun beliebig weiter vertiefen kann.

Eine weitere Möglichkeit bietet uns unser eigener Atem. Beim Einatmen dringt ein Strom der Luft der ganzen Welt tief in uns ein – denn alle Luft der Welt ist verbunden, es gibt ja nur *eine* Luft. Wir lassen also dieses kaum spürbare Nichts in uns eindringen, es füllt uns an, breitet sich aus und verlässt unser Körper dann wieder durch Mund und Nase, sich sofort wieder verbindend mit der Luft der ganzen Welt. Da wir ständig atmen müssen, sind wir also immer mit dem Ganzen verbunden. Toll, nicht?

Ganz besonders stark ist diese Erfahrung beim Singen, wenn wir also diese eingeatmete Luft der ganzen Welt in unserem Inneren in einen Klang umwandeln, den wir dann, verbunden mit der Luft, in den weiten Raum der ganzen Welt einfliessen lassen.

Um das Beschriebene nun aus der Theorie ins wirkliche Leben zu bringen, möchte ich Euch einladen zu einem gemeinsamen Singen. Ich habe hier ein ganz bescheidenes, kleines Musikinstrument. Es nennt sich Ocarina, ist aus gebranntem Lehm gemacht und kommt aus Italien. Ocarina heisst übersetzt «das Gänschen», es ist ein uraltes Hirteninstrument. Ich möchte mit Euch zusammen ein akustisches

Bild malen. Dazu bitte ich Euch, einen einzigen Ton zu singen, alle zusammen. Die Orgel wird Euch den Ton vorgeben. Das ergibt dann eine grosse Fläche aus Klang, etwas wie die ruhige Wasserfläche eines stillen Sees. Wenn wir die Augen schliessen, hat es gleich die doppelte Wirkung und wir sehen und riechen den See. Dann werde ich dieses Vogelflötchen aufsteigen lassen, hoch in die Lüfte, hoch bis in die Wolken.

Die Orgel gibt den Ton an, die Kirchenbesucher stimmen ein. Dann spielt Andreas Vollenweider die Ocarina und schickt den intensiven Ton des Instrumentes in weiten Melodiebögen in den Kirchenraum.

Gottfried Honegger

IST DAS AUGE KLAR,
STEHT DER GANZE MENSCH IM LICHT

Meine sehr verehrten Damen und Herren, liebe Freunde

Wenn ich heute zu Ihnen spreche, so einfach, weil ich glaube, dass wir das Gespräch brauchen, dass die Ereignisse in der Welt von uns eine Haltung, ein Handeln verlangen.

Ich spreche zu Ihnen als Maler und Bildhauer, der sich mehr mit dem Diesseits als mit dem Jenseits beschäftigt. Meine Eltern haben mich gelehrt, dass Jammern und Schimpfen wenig hilft. Sie nahmen Stellung, und diese ihre Haltung ist mir noch heute ein Modell.

Ich lese Ihnen aus dem Matthäusevangelium, Kapitel 6, die folgende Botschaft:

Das Auge vermittelt dem Menschen das Licht. Ist das Auge klar, steht der ganze Mensch im Licht, ist das Auge getrübt, steht der ganze Mensch im Dunkeln. Wenn aber dein inneres Auge – dein Herz – blind ist, wie schrecklich wird dann die Dunkelheit sein. Matthäus 6,22–23

Soweit die Bibel.

Ja, wir leben heute in einer tiefen Dunkelheit. Wir scheuen das Licht. Unsere Augen sind nicht offen, nicht klar.

Ja, wir leben trotz Wohlstand und Freiheit im Dunkeln. Im Dunkeln unseres Egoismus. Wir leben in einer globalen Nacht. In einer Welt, in der die Börse, der Gewinn, das Geld unsere Seelen austrocknet.

Und da wir uns gegenseitig nicht mehr fühlen, nicht mehr sehen, kommunizieren wir durch das Internet, online. Wir surfen im Web auf der Suche nach Licht, nach Wärme. Die audiovisuelle, die virtuelle Technik führt uns in eine kulturelle Uniformierung, in eine Seelenfinsternis. Wir verlieren unsere Identität, wir tauschen die Realität für eine künstliche Welt, wir werden einsam und gegen die Langeweile amüsieren wir uns zu Tode.

Wir wollen vergessen. Wir verdrängen, dass zwei Drittel der Menschheit Hunger hat; wir verdrängen, dass unsere Natur auf dem Altar des Konsums geopfert wird. Laut Bericht der Ernährungs- und Landwirtschaftsorganisation der Vereinten Nationen verhungerten im Jahr 2000 36 Millionen Menschen. Das sind rund 100 000 Menschen pro Tag. In den Ländern Afrikas, Asiens und Lateinamerikas leben infolge mangelhafter Ernährung 146 Millionen erblindete Menschen.

Der gemeinsame Markt zerstört die regionalen Vielfalten. Wir verlieren unsere Muttersprache, unsere Heimatkulturen.

Gegen unsere Ängste installieren wir Spionagesatelliten, Telefonabhörsysteme, Radarsysteme, Millionen von Videoüberwachungsanlagen. Wir rüsten auf, wir kontrollieren, wir rufen in unserer Dunkelheit nach Schutz, nach Polizei, nach Strafe. Um unsere Not zu beruhigen, um uns ruhig zu halten, damit wir nicht revoltieren, bietet man uns als Heilmittel den Konsum an. Die neoliberale Marktwirtschaft, sie zerstört unsere kollektiven Strukturen, eliminiert den Staat als Garant des Gemeinwohls. Wir Menschen haben heute nur noch so viel Wert, wie wir rentieren.

Wir waren auf dem Mond. Wir sehen farbig fern. Wir klonen. Wir planen denkende Menschenmaschinen.

Ja, es geschehen täglich technische Wunder. Wunder, die jedoch in uns kein Licht geben. Wunder, die unsere Augen nicht öffnen, uns nicht sehend machen. Wir haben das Gebot der Liebe, der Nächstenliebe, dem Goldenen Kalb geopfert. Unser Wohlstand, ja Reichtum, hat uns träge gemacht. Das Zuviel trübt unsere Augen. Wir sind mit dem Bewahren und Vermehren beschäftigt. Der Konsum lähmt unseren Gemeinsinn, unsere Lust am Machen, am Erfinden, am Selbergestalten. Was einst die Volkskunst war, ist heute Ware, Abfall.

Verehrte Freunde: Es ist an der Zeit, dass wir unsere Augen nach innen und nach aussen öffnen, damit die Wunder des Lebens und nicht nur die Not in uns wirken kann.

Eine Nacht mit den Sternen. Die Pracht der Blumen und Tiere. Die Berge und das Leben im Wasser. Die Natur als ganze Herrlichkeit gibt unserer Seele mehr als 100 Stunden Farbfernsehen.

Und dann die Künste. Sie geben Licht. Lassen Sie sich betören, oder wie Gottfried Keller schrieb:

Trink oh Auge, was die Wimper hält, vom goldenen Überfluss der Welt.

Und dann: Erwarten Sie nicht zu viel vom andern. Befreien Sie sich vom Konsum. Werden Sie ein kreativer Mensch. Aus sich heraus Dinge schöpfen, schafft Freude, Selbstsicherheit, Selbstbewusstsein, Hoffnung. Musizieren, Dichten, Bilder

Malen, aber auch das Kunsthandwerk ist kein Privileg der Künstler. Wir alle sind gleich – ein bisschen mehr oder ein bisschen weniger –, aber immer gleich. Kreativ sein ist ein Menschenrecht.

Wir Menschen stossen heute an eine biologische Grenze: Das Zuviel macht uns krank. Zu viel Arbeit. Zu viel Ehrgeiz. Zu viel Unterhaltung. Zu viele Autos. Zu viel Flugzeuge. Zu viel Spekulation. Zu viel Fernsehen. Zu viel Rüstung. Zu viel Besitz überhaupt. – Das Zuviel produziert Stress, Zeitnot, Aggression, Angst. Wir verlieren uns in sinnloser Betriebsamkeit. Das Debakel der Swissair, das Drama im Gotthardtunnel, der internationale Terrorismus – das alles und noch viel mehr ist die Ernte des Zuviel, der materiellen Masslosigkeit.

Der Verlust an Schönheit, an Kunst und Wahrheit, bestimmt die Disharmonie, die Hässlichkeit, die Dunkelheit, in der wir heute leben.

Weil unsere Augen getrübt sind, müssen wir das Sehen wieder lernen. Um in der neuen Welt zu bestehen, um in uns Licht zu schaffen, brauchen wir Augen, die denken; Augen, die kritisch sind; Augen, die die Wahrheit suchen; Augen, die träumen; Augen, die lieben.

Ein Licht gegen die Dunkelheit ist der Humanismus, die Kultur der Künste. Kultur ist Bildung. Kultur ist Gemeinsinn. Kultur ist Schönheit. Kultur ist Glauben. Kultur ist Poesie. Die Künste sind die Botschaft unserer Seele. Die Künste bewahren unsere Geschichte.

Ein Konzert von Johann Sebastian Bach bringt mehr als ein Besuch bei McDonald's oder im Disneyland. Die Musik entführt uns in eine Weltdimension, die nur sie, die Musik, uns geben kann. Die Musik ist ein geistiges Licht. Durch sie nähren wir unsere Seele. Sie verhindert Hass, Undank, Intoleranz, baut Vorurteile ab. Wer in und mit der Musik lebt, erntet Lebenswille, wird Teil des «Prinzips Hoffnung».

Aber auch die Formen und Farben, die Kunst der Bilder, ihre Schönheit und Vielfalt geben dem Geistigen in uns Menschen Spielraum, Selbsterkenntnis. Unsere Augen werden Sterne. Kunst sehen ist ein kreativer Akt. Die Bilder sind unser Spiegel, sie zeugen vom Glanz und Elend der «Comédie humaine». Die Kunst hat uns Menschen von der prähistorischen Zeit bis heute begleitet. Wir brauchen die Kunst. Sie macht unsere Empfindungen, unsere Nöte sichtbar. Wir müssen uns ein Bild machen, um im Bilde zu sein.

Und dann die Poesie, die Dichtung. Ihr Zauber lässt uns eintauchen in Wortkristalle, in eine Welt der Freiheit. Die Poesie, die geschriebene Sprache, sie lehrt uns das Reden, das Denken, das Handeln. Im Weinberg der Dichtung keltern wir unseren Lebensauftrag. Ja, die Dichtung ist unser Licht im Dunkeln. Sie führt uns zur Wahrheit, zur Einsicht, dass das Lebensglück nicht käuflich ist. In der Nacktheit eines Nihilismus heute, in der grösste Macht sich mit grösster Leere paart, ist das Wort, die Sprache unsere Sicherheitslinie. Die Dichtung schafft Wissen und Zukunft, Licht.

Hermann Hesse schrieb einst:

Letzten Endes muss alle Kunst, und namentlich die Dichtung, ihre Daseinsberechtigung daran erweisen, dass sie nicht nur Vergnügen macht, sondern auch direkt ins Leben wirkt, als Trost, als Klärung, als Mahnung, als Hilfe und Stärkung beim Bestehen des Lebens und beim Überwinden des Schweren.

Ob die Kunst und das Schöne den Menschen wirklich zu bessern und zu stärken vermögen, sei dahingestellt; zum Mindesten erinnern sie uns, gleich dem Sternenhimmel, an das Licht, an die Idee der Ordnung, der Harmonie, des «Sinnes» im Chaos.

Die Künste, sie sind die diesseitige Ethik. In ihr und mit ihr wird es uns Menschen möglich, die Wirklichkeit des Alltags zu ertragen, zu bestehen. Die Künste können diese Welt nicht erlösen. Ihre Aufgabe ist nicht, uns Entscheidungen abzunehmen. Es ist an uns allen zu revoltieren, zu planen, zu handeln, das Unrecht zu verhindern.

Was jedoch die Kunst kann: Sie kann unsere Augen klar machen, die schreckliche Dunkelheit in unseren Herzen aufhellen, sodass der ganze Mensch im Lichte steht. Die Künste öffnen uns die Augen. Die Künste schaffen Sinn und Lebenslust. Die Künste geben uns Harmonie und Wohlbefinden. Die Künste warnen uns. Die Künste machen die Weltschöpfung erkennbar. Die Künste schaffen Identität. Sie machen das Lebenswunder offenbar. – Wer in und mit der Kunst lebt, hat klare Augen, hat sehende Augen, der ganze Mensch steht innerlich im Licht.

Annemarie Schimmel

JESUS, DER SOHN DER MARIA

Liebe Freunde

Eine Überlieferung vom Propheten Muhammad, berichtet von Abu Huraira, die in den Standardwerken von Buchari und Muslim als echt akzeptiert wurde, sagt:

Satan berührt jedes Kind, das geboren wird, und wenn er es berührt, erhebt es seine Stimme und weint. Das geschah jedem Kind, ausser Jesus und Maria. Lies Gottes Wort: «Ich will sie und ihre Nachkommen gegen jeden bösen Geist schützen.»

Jesus ist also ganz rein, unberührt vom Satan, unberührt auch von der Welt, und erkennt daher auch alles als rein.

Die schönste Pflanze ist die, deren Frucht wie Jesus, der Geist Gottes ist.

So sagt ein arabischer Mystiker der Frühzeit und drückt damit die Bewunderung für den demütigen, reinen Sohn Marias aus.

Eine der schönsten Geschichten, die auf seine Reinheit und Liebe hinweist, beruht auf einer alten Sufi-Legende, die bereits von Malik ibn Dinar (gestorben 740) erzählt wurde. Jesus ging an einem stinkenden Hundekadaver vorüber, und während seine Jünger sich die Nase zuhielten, deutete er auf die glänzend weissen Zähne des toten Tieres, die ihre eigene Schönheit ausstrahlten. Der grosse Epiker Nizami (gestorben 1209) und sein etwas jüngerer Zeitgenosse Attar haben diese Geschichte poetisch ausgearbeitet. Die Version Nizamis wurde Goethe durch Joseph von Hammers Übersetzung in der *Geschichte der schönen Redekünste Persiens* (Wien 1818) bekannt und fand ihren Weg in die *Noten und Abhandlungen zum West-östlichen Divan*. In Attars *Musîbatnâma* steht die Legende an besonders wichtiger Stelle: Der Dichter, der die Erfahrungen des Suchers in der 40-tägigen Klausur beschreibt, in der er alle Wesen nach dem Weg zu Gott befragt, erreicht in der 36. Nacht Jesus, der ihm dann von seinem Meister als Inbegriff der Reinheit und Güte geschildert wird. Um das zu verdeutlichen, erzählt der Meister ihm:

Ein toter Hund lag da am Wegesrand; der Tod liess seine Zähne offen sehen. Von diesem Hund – welch scheusslicher Gestank! Als Jesus, Sohn Marias, nahe kam, sprach er zum Freunde: «Sein ist auch der Hund: Sieh, wie so weiss die Zähne ihm im Mund!»
Nichts Schlechtes sah, nicht den Gestank bemerkt' er; in all dem Schlechten sah er nur das Gute.

Selbst ein unreines Tier, wie das Schwein, wird von Jesus freundlich gegrüsst und nicht beschimpft. Man erzählt, dass ein Schwein an Jesus vorbeilief. Da sagte er: «Geh in Frieden!» Man fragte: «Geist Gottes, so etwas sagst du zu einem Schwein?» Er antwortete: «Ich mag meine Zunge nicht an schlechte Ausdrücke gewöhnen.»

Der Weg Jesu ist der Weg der Enthaltsamkeit, des Verzichts und der Ehelosigkeit. Aber da der Islam die Ehe als sunna (als «Gewohnheit») des Propheten ansieht und dem Zölibat keinen Wert zuschreibt, wird auch die Ehelosigkeit Jesu und der seinem Beispiel folgenden Mönche und Priester kritisiert. Eine uns vielleicht etwas merkwürdig anmutende Fîhi mâ fîhi, wo Rumi in Kapitel 21 im Zusammenhang mit den Fragen der Ehe Folgendes schreibt:

Der Weg Jesu war Einsamkeit und Kampf und seine Lust nicht zu befriedigen; der Weg Muhammads ist, die Tyrannei und den Kummer von Männern und Frauen zu ertragen. Wenn du den muhammadanischen Weg nicht gehen kannst, so geh wenigstens den Weg Jesu, damit du nicht ganz ohne Anteil [am religiösen Leben und seinem Lohn] bist!

Für Rumi schien es also schwerer, ein Eheleben «mit den Absurditäten der Weiber» zu führen und sich dabei durch Geduld zu läutern, als sich aller fleischlichen Versuchungen zu enthalten und unbefleckt wie Jesus zu bleiben. Später aber warnt Schabistari:

Gold und Frauen bringen nur Sorgen, gib sie auf wie Jesus, der Sohn Marias.

Unter den acht Eigenschaften der Propheten, die nach Dschunaids Meinung für den wahren Sufi notwendig sind, ist auch die Rolle als Pilger, in der Jesus sich so sehr von der Welt gelöst hatte, dass er nur einen Becher und einen Kamm behielt.

Den Becher warf er fort, als er sah, dass jemand aus der

hohlen Hand trank, und den Kamm, als er sah, wie ein anderer seine Finger statt eines Kammes benutzte.

Nach Ghazzali ist dies der höchste Grad des Verzichtes. Denn Jesus ist der Pilger *par excellence*, und als Vorbild des Sufis wird Jesus auch als Träger der Kutte (des Flickenrocks) geschildert, der ein typisches Kennzeichen der Frommen war. Das reine Asketenideal, das Jesus verkörperte, ist auch in einem ihm zugeschriebenen Wort in Kazarunis *Vita* ausgedrückt:

Jesus sprach: «Mein Kleid ist Wolle, mein Brot Frucht, meine Speise Hunger, meine Kerze bei Nacht Mondschein, und zur Abwehr der Kälte [dient mir] die Sonne, und meine Früchte und Duftkräuter sind das, was aus der Erde wächst für die Tiere. Tag und Nacht gehen so über mich hin; ich habe nichts an Kenntnissen, und niemand ist mächtiger als ich!»

So berichtet auch Hudschwiri (gestorben 1071):

In einer echten Überlieferung wird erzählt, dass Jesus, der Sohn Marias – Gott segne Ihn! –, einen Flickenrock trug, als er zum Himmel emporgehoben wurde. Ein Scheich sagte: «Ich träumte, ich sah ihn einen wollenen Flickenrock tragen, und jeder Flicken strahlte Licht aus.»

Ich fragte: «O Christus, woher kommen diese Lichtflecken auf deinem Gewand?»

Er antwortete: «Die Lichter der Gnade, die beim Gezwungensein erscheint, denn ich nähte jeden dieser Flicken auf, wenn es notwendig war, und Gott der Erhabene hat jede Heimsuchung, die Er über mich kommen liess, in Licht verwandelt.»

Hierher gehört auch, dass Gott, wie der Sufi Nadschmaddin Razi berichtet, Jesus anredete:
Sei hungrig, damit du Mich siehst, und wähle die Abgeschiedenheit, damit Ich dir nahe bin.

Als Asket wird Jesus zum Vorbild all derer, die der Welt entsagen; so berichtet die Hilya als Ausspruch des grossen Asketen Hasan al-Basri (gestorben 728):

Jesus trug härene Gewänder und ass von den Bäumen und brachte die Nacht dort zu, wo er abends gerade hinkam. Er hatte keinen Sohn, der sterben konnte, und kein Haus, das zerfallen konnte, und er bewahrte nichts für den nächsten Tag auf, denn er war sicher, dass Gott ihm seine Nahrung schicken würde.

Oder, wie es in anderen Worten heisst:

Er hob weder Speise vom Morgen für den Abend auf noch abendliche Speise für den nächsten Tag und sagte: «Jeder Tag bringt das als Nahrung Bestimmte.»

Ein solches asketisches Leben ist die Voraussetzung für die Erlangung himmlischen Lohnes. So erzählt Ghazzali zweimal, dass Jesus seine Jünger zum asketischen Leben angespornt habe:

«O ihr Jünger! Die Furcht vor Gott und die Hoffnung auf das Paradies führen dazu, dass man Mühsal geduldig erträgt und sich fern von dieser Welt hält. Wahrlich, ich sage euch: Gerste zu essen und mit den Hunden auf dem Misthaufen zu schlafen, ist etwas Geringes, wenn man das Paradies sucht.»

Erstaunlich ist bei diesen Aussprüchen, dass dem Paradies so viel Wert beigemessen ist, denn das Ideal des wahren Sufis ist ja doch, wie Rabiʿa von Basra (gestorben 801) betont hatte, Gott nur um Seiner selbst zu lieben, nicht aber aus Höllenfurcht oder Hoffnung aufs Paradies.

Warum soll sich der Sucher um seine Nahrung kümmern? Die Geschichte von den «Vögeln unter dem Himmel» aus dem Evangelium wird ebenfalls von Ghazzali angeführt, freilich mit einer Zusatzbemerkung:

Jesus sprach: «Schaut auf die Vögel! Sie säen nicht und sie ernten nicht ... Und wenn ihr sagt: ‹Wir haben grössere Mägen!›, dann schaut auf das Weidevieh!»

Gutes Benehmen und Selbstbeherrschung gehören ebenfalls zum asketischen Ideal. So überliefert Ghazzali auch das angebliche Jesuswort:

Jesus sagte: «Wer viel lügt, dessen Schönheit schwindet, und wer mit den Menschen streitet, dessen Mannestugend fällt ab, und wer sich zu viel Sorgen macht, dessen Körper erkrankt, und wer sich schlecht benimmt, quält sich selbst.»

Jesus ist der Wanderer, der nicht hat, wohin er sein Haupt legen kann, wie es bei Matthäus 8,20 steht. Rumi hat diese Geschichte in *Fîhi mâ fîhi* dramatisch ausgearbeitet, wobei er ein schönes Wortspiel zwischen *awâ* (Schakal) und *maʿwâ* (Zufluchtsort) benutzt. Ist es nicht viel wichtiger, einen göttlichen Geliebten zu haben als ein gesichertes Haus und Heim?

Es wird berichtet, dass Jesus in der Wüste umherzog, als ein gewaltiger Regen losbrach. Er ging, um Zuflucht im Bau eines Schakals zu finden, in eine Ecke der Höhle. Als der Regen aufhörte, kam die Offenbarung zu ihm: «Verlass den Bau des Schakals, denn seine Welpen haben deinetwegen keine Ruhe!»

Er schrie auf: «Herr, die Welpen des Schakals haben Zuflucht, aber der Sohn Marias hat keinen Zufluchtsort, keinen Platz, an dem er wohnen könnte!»

Maulana sagte:

«Wenn die Welpen des Schakals auch ein Heim haben, so haben sie doch nicht einen solchen Geliebten, der sie aus dem Hause treiben würde ... Die Huld eines solchen Vertreibenden und ein feines Ehrenkleid, das nicht für jede Gestalt passt, zeigt Er dir ganz speziell und macht das Ortlose zu deinem Ort und führt dich zum Kreise Seiner ganz Vertrauten ...»

Schon in der *Hilya* wird auf Jesu Heimatlosigkeit Bezug genommen, wenngleich der Schluss hier ziemlich überraschend ist:

Als Jesus irgendwo in Syrien umherzog, begann es heftig zu regnen, zu blitzen und zu donnern. So begann er zu suchen, wo er Schutz finden könne. Da sah er von fern ein Zelt aufragen und ging hin, aber da war eine Frau darin und er wandte sich ab. Dann kam er zu einer Höhle am Berg, doch als er hinkam, war es die Höhle eines Löwen, und er legte seine Hände darauf und sprach: «Mein Gott, Du hast allen einen Zufluchtsort bereitet, nur mir nicht!»

Da antwortete ihm der Hocherhabene: «Dein Zufluchtsort ist bei mir, im Ruheplatz meiner Barmherzigkeit. Am Tage der Auferstehung werde ich dich mit hundert Huris vermählen, die Ich eigenhändig geschaffen habe, und bei deiner Hochzeit werde ich Speise geben für 4000 Jahre, deren jeder Tag so lang ist wie das Leben der ganzen Welt, und Ich werde einem Herold befehlen zu rufen: ‹Wo sind die Asketen aus der niederen Welt? Kommt zur Hochzeit des Asketen Jesus, des Sohnes Marias.›»

Es scheint, dass der Erzähler hier gewisse Erinnerungen an die «Hochzeit des Lammes» in vergröberter Form eingeführt hat, um die Belohnung für Jesu Askese ganz deutlich zu machen; dass ein Asket mit besonders grossen himmlischen Freuden belohnt wird, ist ein in der frühen arabischen Literatur häufig vorkommendes Thema.

Eine andere Legende über Jesu Heimatlosigkeit, die sich – auf Makkis *Qût al-qulûb* beruhend – mehrfach bei Ghazzali findet, ist von den beiden grossen persischen Dichtern Sana'i und Attar ausgearbeitet worden: Schon der halbe Ziegelstein, den sich der vom Wandern ermüdete Jesus unter den Kopf legte, ist Teil der «Welt» und daher Eigentum Satans. In Sana'is *Hadîqa* heisst es:

Ich las, dass Jesus, Gottes reiner Geist, zur Nacht ganz plötzlich in die Wüste ging. Nach einem Stündchen wurde schläfrig er; so eilte er zu einem Ruheplatz. Sein Kissen war ein weggeworfener Stein; er tat nichts mehr und schlummerte bald ein. Ein Weilchen schlief er, wurde plötzlich wach und sah Iblis ganz unerwartet nah.

«Verworf'ner du, verfluchter Hund!», sprach er. «Aus welchem Grund willst du mich behexen? Wo Jesu unbe-

scholtne Reinheit weilt, wie kann dir solch ein Ort zur Zuflucht werden?»

Der sprach: «Du hast mir Ärger zugefügt, hast über mein Schloss frevelhaft verfügt! Warum machst du mir Umstand denn und Mühe? Warum wirkst du in meinem Schlosse weiter? Das Reich der Welt, es ist ja ganz mein Reich, 's ist nicht dein Platz! Mein ist der Ort, das Reich!»

Er fragte: «Ist dieser Stein, dein Kissen hier, den du dir nahmst, nicht von der Welt, von mir?»

Sofort warf Jesus diesen Stein weit fort, und Iblis schmolz hinweg von diesem Ort und sprach: «Du bist gerettet, ich vertrieben; hast beide aus der Fessel du befreit. Jetzt hab' ich weiter nichts mit dir zu schaffen. Geh fort, und überlass mein Reich nur mir!»

In Attars Musîbatnâma wird diese Geschichte kürzer und knapper berichtet:

Jesus, Marias Sohn, legte sich zum Schlafen, nahm einen halben Ziegelstein als Kissen; doch als die Augen aufschlug er vom Schlummer, sah er Iblis, den Bösen, voller Kummer. Er sprach: «Verfluchter, warum stehst du hier?»

Der sprach: «Du legtest einen Ziegel untern Kopf! Da mir die ganze Welt zu Lehen ist, gehört mir dieser Ziegel, das ist klar. Weil du dir etwas nimmst aus meinem Reich, hast du dich auch in meinem Strick verfangen.»

Und Jesus nahm den Stein und warf ihn fort und legt' den Kopf zum Schlafen auf die Erde. Als er den halben Ziegel liess, sprach Satan: «Jetzt geh' ich fort. Du schlafe nun in Ruhe!»

Konnte aber Satan wirklich Jesus schaden? Die Sufis haben die Geschichte der Versuchung Jesu hin und wieder aufgegriffen, um Jesu Grösse zu betonen. Der Schiraser Mystiker Ruzbihan-i Baqli (gestorben 1209) erzählt in seinem *Scharh asch-schathiyât*, den «Paradoxa der Sufis»:

In den Geschichten der Propheten habe ich gelesen, dass Iblis vor dem Pass von Massisa einen finsteren Damm vor Jesus machte, damit dieser weder hinaufgehen noch herunterkommen konnte. Er sagte: «Gott ist einer, und ich bin Sein Diener.»

Aber er insistierte so lange, dass Jesus ganz verwirrt wurde. Er rief zu Gott – erhaben ist Er –, und Gabriel kam, ergriff den Verfluchten und schleuderte ihn an die Sonnenscheibe. Gleich darauf kam er zurück und sagte: «O Jesus, deine Angelegenheit ist so weit gekommen, dass Gott die Toten belebt und du die Toten belebst; Er ist der Gott des Himmels und du bist der Gott der Erde.»

Jesus zitterte und sagte: «Ich bin Sein Diener und der Sohn der Jungfrau.» Er erbat von Gott, dass er ihn befreie. Michael ergriff den Verfluchten und schleuderte ihn gegen die Sonnenscheibe. Sofort kam er zurück und sagte: «O Jesus, du bist der Schöpfer der Erde, und Er ist der Gott des Himmels.»

Jesus geriet in Furcht, schrie auf und sagte: «Ich bin Sein Diener, und Er ist von solchen Zeichen frei und rein!»

Nun kamen Israfil und Azrail beide und ergriffen jenen Verfluchten. Auch 300 000 Engel kamen zu Hilfe und fesselten ihn in einem Brunnen im Maghrib und hielten ihn dort gefangen, bis Jesus mit seinem Gebet fertig war. Nach einigen Tagen sah er ihn wieder, und er sagte: «O Jesus, wenn sie mich nicht in den Brunnen im Maghrib geworfen und gefesselt und 300 000 Engel mit meiner Bewachung betraut hätten, hätte ich mit dir gemacht, was ich mit deinem Vater Adam gemacht habe, das heisst, ich hätte dich verführt, sodass du dir Göttlichkeit angemasst hättest.»

Hier wird die koranische Aussage, dass Jesus sich nur als Diener Gottes fühlte und keine Göttlichkeit beanspruchte, in dramatischer Weise ausgearbeitet, und auch die ungeheure Macht des Satans ganz deutlich gezeigt. Andere Legenden kennen ebenfalls den Versuch Satans, Jesus zu verführen. Ibn Arabi schreibt:

Iblis kam in Gestalt eines alten Mannes zu Jesus, äusserlich schön. Er sagte zu Jesus: «O Jesus, sage: ‹Es gibt keine Gottheit ausser Gott!›» Und er würde damit zufrieden sein, dass Jesus seinem Befehl wenigstens so weit gehorchen würde [dass er das sagte].
Jesus aber antwortete: «Ich werde das sagen, aber nicht auf Grund deiner Worte! Es gibt keine Gottheit ausser Gott!»
Und Iblis ging geschlagen von dannen.

Eine schon in der *Hilya* erzählte Geschichte erscheint auch in Dschamis Werk: Der Teufel erschien einem Asketen und gab sich als Jesus aus, wurde aber von dem Frommen erkannt und davongejagt.

Warum sollte Jesus, der Asket, sich ein Haus bauen, wenn schon ein halber Ziegelstein ihm als Satans Besitz erschien? Selbst im Schatten einer Hausmauer zu sitzen, war ihm nicht verstattet; als er sich einmal im Schatten der Mauer eines Hauses hinsetzte, verjagte ihn der Hauseigentümer. Jesus sagte zu ihm: «Nicht du brachtest mich dazu, aufzustehen, sondern Er, der nicht will, dass ich den Schatten einer Mauer geniesse!»

Alles in der Welt ist vergänglich, und nur Gott ist der Eine, Schöpfer und Herr! Deshalb schreibt die Tradition Jesus ein Wort zu, das auf diesen transitorischen Charakter der Welt hinweist:

Die Welt ist eine Brücke; geht über sie, aber baut kein Haus darauf.

Dieser Satz ist eingemeisselt im gewaltigen Eingangstor der Festungsstadt Fathpur Sikri, die der Mogulkaiser Akbar 1571 nicht fern von seiner damaligen Residenz Agra erbauen liess. So wählte einer der mächtigsten Herrscher in der Geschichte Indiens dieses Wort, das die Vorübergehenden immer an den flüchtigen Charakter aller weltlichen Güter mahnen sollte; es wurde für ihn von einem der führenden Kalligraphen Indiens, dem Historiker und Diplomaten Mir Masum Nami, in feinster Kalligraphie ausgeführt.

Ja, warum sollte man ein Haus bauen?

Es fragte einer Jesus: «Du, dess' Statt die Sonne strahlend zum Gefährten hat: Warum baust du kein Haus, das dich beglückt?»

Er sagte: «Nun, ich bin doch nicht verrückt! Was mir nicht bleibt in alle Ewigkeit – hätt' mir gefallen, was in Raum und Zeit?»
Eine hübsche Anekdote, von Ghazzali nach dem *Qût al-qulûb* überliefert, überspitzt denselben Punkt:

Man sagte zu Jesus: «Prophet Gottes, befiehl uns doch, ein Haus zu bauen, in dem wir Gott verehren können!»

Er sprach: «Geht und baut ein Haus auf dem Wasser!»

Sie sagten: «Wie könnte ein Bauwerk auf Wasser stehen?»

Und er erwiderte: «Und wie soll Gottesverehrung neben der Liebe zum Jenseits stehen können?»

Wenn der Mensch wie Jesus geworden, das heisst, ganz vergeistigt ist, dann bedarf er auch keines Hauses mehr. Mahnt Rumi:

Werde du ein Jesus, und hast du kein Haus, so lass' es!

Manchmal ist eine solche Bemerkung auch mit dem Gedanken verbunden, dass Jesus im vierten Himmel lebt. – Ich bin nicht an ein Haus gebunden, denn wie Jesus ist mein Wohnort im vierten Himmel.

Kurze Zeit nach ihrem Auftritt bei uns ist Annemarie Schimmel unerwartet gestorben. Da von ihrer Ansprache leider weder eine Bandaufzeichnung noch ein Manuskript existiert, mussten wir für die Rekonstruktion ihres Beitrags auf zwei ihrer Publikationen zurückgreifen.

Heiner Geißler

WAS WÜRDE JESUS HEUTE SAGEN?

DIE POLITISCHE BOTSCHAFT DES EVANGELIUMS

Die Geschichte geht bei einem anderen Evangelisten noch etwas weiter, als wir gerade (in der Schriftlesung) gehört haben. Da hiess es nämlich: «Die ganze Stadt geriet in Erregung.» Und das ist eine interessante Frage, warum die Leute damals in Israel, in Palästina auf Jesus so reagiert haben. Jesus war ja, so kann man es wohl sagen, ein junger Mann, der für seine Ideale gestorben ist, umgebracht wurde, und es ist schon immer darüber debattiert worden, ob das, was er sagte, eine politische Bedeutung hat. Es gibt viele, die sagen, Jesus ist kein Politiker gewesen, kein sozialer Revolutionär, sondern er wollte die Menschen – sozusagen vertikal nach oben – zu Gott führen. Das mag sein, darüber will ich jetzt auch gar nichts sagen, darüber hören Sie sonst in der Kirche genügend. Ich möchte etwas darüber sagen, ob die Botschaft, die er verkündet hat, auch eine Auswirkung hat auf die Politik. Damit muss man sich schon allein deswegen beschäftigen, weil es in der Weltgeschichte in den letzten 2000 Jahren genügend Leute gab und immer noch gibt, die sich ununterbrochen auf Jesus berufen haben – vor allem die Mächtigen, die Könige, der Vatikan, die demokratisch gewählten Präsidenten. Auf Jesus haben sie sich berufen für ihre Taten, aber auch für ihre Untaten.

Fangen wir einmal etwas früher an: Im Jahr 1096 hat Papst Urban II. die Ritter Europas zusammengerufen, um sie zu motivieren, das Heilige Land zu befreien, wie es hiess, und diese Ritter zogen dann los, unterwegs haben sie noch 10 000 Juden umgebracht, und zwei Jahre später haben die Kriegsberichterstatter, so würde man sie heute bezeichnen, Europa informiert: Die unsrigen, die Ritter, wateten bis zum Knöchel im Blut der von ihnen erschlagenen Muslime und Juden.

Der amerikanische Präsident George W. Bush beruft sich nun für seine Politik ausdrücklich auf Gott und auch auf Jesus. Er hat ein, so kann man sagen, christliches Heer, dessen Soldaten kompanieweise morgens – wie in Deutschland früher bei Kaiser Wilhelm –, Helm ab zum Gebet, zum Absingen frommer Lieder zusammengeführt werden und dessen Sitzungen mit einer Bibellesung beginnt. Allerdings in der Regel aus dem Alten Testament in der Fassung der texanischen Baptisten. Dieses Heer wird mitten in das Zentrum des Islam geschickt und beruft sich dafür auf Gott, auf Jesus. Gleichzeitig, wie wir vor drei Wochen in Cancun (Mexiko) bei der Welthandelskonferenz erfahren haben, weigert sich die US-amerikanische Regierung, die Steuersubvention für die Baumwollfarmer zu beseitigen mit der Folge, dass die Baumwolle aus den Vereinigten Staaten auf dem Weltmarkt billiger ist als die Baumwolle, die in Afrika produziert wird.

Das ist aber nicht das einzige Beispiel: Meine eigene Partei – ich war 12 Jahre Generalsekretär der CDU und habe mich deswegen intensiv mit dieser Frage beschäftigen müssen –, meine Partei führt das C in ihrem Namen, die

CVP in der Schweiz genauso, die Christliche Volkspartei, die Christlich Demokratische Union. Diese Parteien berufen sich auf Jesus. Dürfen sie das? Für viele ist dieser Anspruch eine Anmassung, eine Provokation, eine Heuchelei. Also, es gibt genügend Gründe, um sich mit dieser Frage zu beschäftigen. Darf man sich auf Jesus berufen?

Heinrich Heine hat einmal gesagt, die Botschaft von Jesus ist «Eiapopeia vom Himmel», oder wie Karl Marx es gesagt hat, das Evangelium «Opium für das Volk», für die Dummen. Wo die Regierungen, die Herrschenden die Religion benutzt haben mithilfe der Kirchenfürsten, der Bischöfe und der Kirchenpräsidenten, um das Volk stillzuhalten. Wenn man den Leuten gesagt hat: «Ja, euch geht's schlecht, ihr habt Hunger, ihr seid sogar Leibeigene. Aber das ist nicht so schlimm, ihr sterbt ja ohnehin irgendwann einmal», und insgeheim haben sie sich gesagt: «Die sterben ja relativ schnell und früh, weil sie ja schlecht dran sind.» Und dann hat man ihnen gesagt: «Das Entscheidende ist, ihr kommt ja in den Himmel!» Also die Botschaft des Evangeliums, die Religion als Valium, um die Leute ruhig zu halten. Damit sie ja keine Revolution machen, um die Ungerechtigkeit, unter der sie leiden, zu beseitigen.

Oder ist das Evangelium gar eine Gebrauchsanweisung für fromme Leute, damit sie möglichst rasch und gut in den Himmel kommen?

In Deutschland hat es vor einiger Zeit eine Diskussion gegeben, weil das Bundesverfassungsgericht verboten hat, dass in öffentlich-rechtlichen Schulen Kruzifixe in den Klassenzimmern hängen – weil in einer pluralistischen Gesellschaft eben nicht das Symbol einer bestimmten Religion in öffentlich-rechtlichen Räumen aufgehängt oder aufgestellt werden darf. Es gab viele Proteste, der bayrische Ministerpräsident hat auf dem Marienplatz in München eine grosse Kundgebung veranstaltet, und viele sahen das Abendland in Gefahr und überhaupt die christliche Gesellschaft als solche. Nun will ich darüber gar nichts sagen, von mir aus können gar nicht genügend Kreuze stehen oder hängen, auch auf unseren Bergen. Aber vielleicht wäre es manchmal interessanter und besser, wenn Kreuze in den Amtsstuben hängen würden, in denen Entscheider in den Ausländerbehörden – ob in Deutschland und in der Schweiz oder in Österreich – darüber entscheiden müssen, ob traumatisierte Folteropfer wieder in ihre Folterstaaten zurückgeschickt werden, abgeschoben werden. Da wäre vielleicht ein Kreuz gar nicht so übel an der Wand, denn an dem Kreuz hing einer oder hängt einer, der zehn Stunden lang zu Tode gefoltert worden war. Doch das werde ich jetzt nicht weiter vertiefen, diese staatskirchenrechtliche Frage.

Interessant ist doch vielmehr die Frage, was würde eigentlich der, der an dem Kreuz hing, heute sagen, wenn er da wäre? Und diese Frage ist ja durchaus legitim, denn wir nehmen ja als Christen für uns in Anspruch, dass unsere Botschaft und die Botschaft von Jesus auch heute Gültigkeit hat. Wir sind ja zwei Milliarden Menschen, die zumindest getauft sind und sich dem Namen nach auf jeden Fall zu Jesus bekennen. Zwei Milliarden – der grösste Global Player auf der Erde! Wenn Sie sich einmal vorstellen, was man daraus machen könnte.

Also noch einmal die Frage: Haben wir eine politische Botschaft im Evangelium? Es gibt eine Nachricht, die immer wieder in den Evangelien vorkommt, eine Information, ich sage es mal im griechischen Urtext, weil das wichtig ist, denn unsere Übersetzungen – vor allem von Hieronymus, der das Evangelium vom Griechischen ins Lateinische übersetzt hat; und Luther hat dann diese falsche Übersetzung übernommen – sind mangelhaft. Auf dem Weg ist natürlich eine Fülle von falschen Übersetzungen, Irrtümern und Missverständnissen entstanden, aber es ist auch zum Teil absichtlich falsch oder verharmlosend übersetzt worden. Diese Information, von der ich gerade geredet habe, die lautet auf Griechisch: Καὶ ἐγένετο ὅτε ἐτέλεσεν ὁ Ἰησοῦς τοὺς λόγους τούτους ἐξεπλήσσοντο οἱ ὄχλοι (Matthäus 7,28). ἐξεπλήσσοντο heisst «herausgeschlagen werden», und medial heisst es «ausser sich geraten». Als sie damals seine Worte hörten, gerieten die Scharen ausser sich. So überliefert es der Berichterstatter Matthäus; unsere Evangelisten waren ja sozusagen Endredakteure, die um 70 nach Christus herum die Berichte zusammengefasst haben, die über Jesus im Umlauf waren. Sie haben sie gesammelt und dargestellt, sie haben sie natürlich auch ausgeschmückt.

So war es auch mit Wundergeschichten. Die Zeit reicht jetzt nicht, um darauf einzugehen, aber man muss ja objektiverweise einmal sagen, dass es Orientalen waren, die diese Geschichten geschrieben haben. Nur einer, Lukas, war ein Grieche, er war Arzt. Und selbstverständlich haben die sich bei der Berichterstattung nicht an die Grundsätze des Deutschen Presserates gehalten; die haben halt noch das, was sie für richtig hielten, mit allen möglichen Storys ausgeschmückt, und so kamen dann die Wundergeschichten zustande. Ich sage es nur deswegen, weil es viele junge Leute gibt, die sich an Jesus als Wunderheiland stossen – noch dazu mit blonden Locken bis auf die Schultern. Das ist nicht der Jesus, wie er wirklich gelebt hat; die Berichterstatter haben halt das, was sie sagen wollten, dann noch durch weitere Geschichten unterstrichen.

«von einer Jungfrau geboren», das ist übrigens auch eine falsche Übersetzung. Im Urtext heisst es «eine junge Frau». Oder auch beispielsweise, dass Jesus aus vier Broten viertausend Brote gemacht hat und dass er andere Menschen durch blossen Hautkontakt geheilt hat, ja Blinde wieder sehend gemacht hat. Und dann wird auch noch erzählt, er habe Dämonen ausgetrieben, die in eine Schweineherde gefahren sind, die sich kopfüber in den See Genezareth gestürzt hat – was die Tierschützer schon immer erregt und manche gläubigen Landwirte in Verwirrung versetzt hat. Ich jedenfalls glaube nicht, dass das zum Kern der Botschaft gehört, vielmehr wollten die Berichterstatter etwas hervorheben: Er hat Blinden das Augenlicht wieder gegeben, weil Jesus das Licht der Welt ist. Er hat Tote zum Leben erweckt, weil Jesus das Leben ist. Das sollte mit diesen Geschichten noch einmal unterstrichen werden. Es ist aber nicht der Kern dessen, was die Leute damals erregt hat, als die Scharen ausser sich gerieten, als sie seine Worte hörten.

Und es begegnet uns noch eine ganze Weile, nach dieser berühmten Tempelreinigung, die auch verharmlosend so dargestellt worden ist. Da ging's in Wirklichkeit ganz anders zu, vor allem hat Jesus es nicht allein gemacht; das ist völlig ausgeschlossen. Da waren seine Gefolgsleute mit dabei, aber nach dieser Tempelreinigung fühlten sich die Hohepriester betroffen, weil diese von diesem Markt profitierten, der im Tempel stattfand mit der ganzen Geldwechslerei, weil die Juden da ihre Tempelsteuer abliefern mussten. Aber die Hohepriester nahmen nicht den römischen Denar, sondern nur den jüdischen Schekel an oder die Münzen aus Tyros, deswegen musste da gewechselt werden, und wo Geld gewechselt wird, das weiss man hier in der Gegend ja auch ganz gut, da blühen natürlich auch die Geschäfte. Und damals ging's im Tempel halt zu, wie's auf dem Markt zugeht, und die Hohepriester bekamen eine Abgabe, sie haben daran verdient. Und als Jesus den Tempel ausgeräumt hatte, war das natürlich eine Provokation, eine Herausforderung an diese herrschende Klasse.

Man muss aber auch etwas klarstellen: Die Pharisäer, das waren andere Leute, die wollten ihn nämlich nicht umbringen. Die Pharisäer, das waren, wie man heute wohl sagen würde, die Fundamentalisten, also jene, welche die reine Lehre vertreten haben. Sie haben mit Jesus gestritten, aber sie wollten ihn nicht umbringen. Getötet haben ihn am Ende die Römer, nicht das jüdische Volk, aber auf Anstiftung der Sadduzäer – eine Clique von 34 Familien in Jerusalem, reiche Leute, die sich mit den Römern verbündet hatten. Denn (so steht es in den Berichten) sie fürchteten ihn, weil die ganze Menge wegen seiner Lehre ausser sich geriet. Aber warum sind die Leute so verrückt geworden?

Beim Laubhüttenfest, ein halbes Jahr vor dem Osterfest, an dem er umgebracht wurde, war Jesus auch in Jerusalem, und da wollten sie ihn schon am ersten Tag verhaften. Doch er hat sich in die Menge zurückgezogen, ist dort untergetaucht, weil die Leute auf seiner Seite waren. Und am letzten Tag – das Laubhüttenfest ist nämlich ein grosses Volksfest – ziehen die Männer um den Altar herum mit dem Hohepriester, und der Hohepriester giesst Wasser, das er am Sonnenaufgang aus dem Teich Siloa geschöpft hat, auf den Altar. Also eine feierliche Zeremonie – und jetzt taucht Jesus plötzlich wieder auf und ruft in die Liturgie (so würden wir heute sagen) laut hinein: «Wenn jemand Durst hat, dann muss er zu mir kommen!» Er hat natürlich den Durst nach der Wahrheit gemeint, aber für die Leute dort war das eine Störung der Liturgie. Und daraufhin haben sie die Tempelpolizei beauftragt, Jesus zu verhaften.

Die zog dann los und nach einer Weile kam die Polizei zurück, aber ohne Jesus. Und dann haben die Sadduzäer die Polizei gefragt: «Warum habt ihr ihn nicht hergebracht?» Und dann antworteten die Polizisten: «Wir haben ihn gehört, noch nie hat ein Mensch so gesprochen. Wir haben nicht gewagt ihn anzufassen.» Also was hat er denn gesagt, dass eine solche Reaktion bei den Menschen, ja sogar bei der Polizei vorhanden war? Jesus sagte am Anfang, als er begonnen hatte am Jordan zu predigen, einen Satz, den Sie alle immer wieder hören, das ganze Jahr hindurch, die Evangelischen vor allem am Buss- und Bettag, die Katholiken am Aschermittwoch, wo man den Menschen sagt: «Tut Busse!» Aber er hat was anderes gesagt: Im Urtext heisst es μετανοεῖτε. Das kommt von νοεῖν (griechisch), was «denken» heisst, und von der Präposition μετα, was soviel heisst wie «um-nach-um». Er hat ihnen also zugerufen: «Ihr sollt umdenken.» Anders denken, als es damals Mode, Zeitgeist war, umdenken. Hieronymus, der uns vorher schon mal kurz begegnet ist, hat dieses μετανοεῖτε lateinisch mit *paenitentiam agite* übersetzt, woraus bei Luther konsequenterweise der Satz wurde: «Tut Busse!»

Das war eine absichtlich falsche Übersetzung. Seither laufen Generationen von Christen, Millionen von Christen schuldbeladen, sündenbewusst, demütig, mit dem Kopf am Boden durch die Gegend und vom εὐαγγέλιον, von der «frohen Botschaft», der «guten Nachricht», bleibt nicht mehr viel übrig. Einmal waren Jünger des Johannes des Täufers bei ihm, sie hatten ihn besucht, und als sie zurückgingen, haben sie Jesus gefragt: «Was sollen wir Johannes denn melden, was sich hier abspielt, was du sagst und was du verkündest?» Da gab er ihnen mit auf den Weg: «Sagt dem Johannes: ‹Den Armen wird die frohe Botschaft verkündet!›» In diesem Punkt sind sich alle Berichterstatter einig: Das, was die Leute so erregt hat, was sie offenbar noch nie gehört hatten, das war die Bergpredigt, die wir gerade miteinander zitiert und rezitiert haben. Diese verkannte, verlachte Bergpredigt, die über die Jahrhunderte hinweg auch grosse Geister lächerlich gemacht haben: diese Bergpredigt, die sich ja überhaupt nicht realisieren lasse, die reine Utopie sei. Fürst von Bismarck, der vormalige deutsche Reichskanzler, angeblich ein gläubiger Christ, erklärte: «Wenn ich mich nach der Bergpredigt gerichtet hätte, wäre ich mir vorgekommen wie einer, der eine lange Stange quer im Mund trägt und durch einen dichten Wald laufen wollte.» Und Martin Luther meinte, dass die Bergpredigt nicht aufs Rathaus gehöre, dass man mit der Bergpredigt nicht regieren könne. Für Luther war die Bergpredigt, jetzt kommt's wieder, ein Bussruf. Auch die katholische Kirche war dieser Auffassung noch bis zum 2. Vatikanischen Konzil: die Bergpredigt gelte nur für besonders Berufene, also für Leute, die sich im besonderen Masse herausgefordert fühlen, die sich fähig erweisen, besondere Aufgaben zu erfüllen, also für Pfarrer, Mönche, Nonnen, Diakonissen. Aber sie tauge nicht fürs gemeine Kirchenvolk.

Doch ist dies wahr, taugt sie tatsächlich nicht? Ich meine, wenn man sie so liest, wie wir sie gerade zitiert haben, klingt sie ja auch ein bisschen merkwürdig, zum Teil wenigstens, zumindest in der heutigen Zeit würde man ja nicht mehr so reden: «Selig sind, selig sind ...» Wenn Jesus heute reden würde, würde er zu den Leuten sagen: «Ihr macht's richtig» und «Ihr seid okay» oder «Wenn ihr dies und das tut, dann seid ihr auf dem richtigen Weg.» Und ist es so abwegig, was da gesagt worden ist mit unseren Worten? Jesus sagt: «Nicht Namen, nicht Rang, nicht Ehre, nicht Titel, nicht Macht, nicht Geld sind entscheidend, sondern umgekehrt ist es richtig.» Diejenigen machen es richtig, die für den Frieden arbeiten, sich für die Gerechtigkeit einsetzen, die barmherzig sind. Ja, ist dies Unsinn, ist es verstaubt? Nein, es ist brandaktuell, es ist eine Herausforderung, damals wie heute: Anders denken als das, was heute die Menschheit beherrscht. Eine Herausforderung an die Gedankenwelt der Börsianer, der Aktienmärkte, der Mächtigen, der Finanzminister. Jesus entwirft eine Art Gegenwelt – aber eine sehr realistische, vernünftige Gegenwelt, und er zeichnet vor allem ein neues Bild vom Menschen.

Das ist wohl das Entscheidende. Wir können nicht jeden Nebensatz des Evangeliums in der Politik umsetzen – da wären wir ja christliche Ayatollahs (und das wollen wir ja nicht sein) –, sondern es kommt auf den Geist an, es kommt auf den Kern der Botschaft an, auf das Wesentliche. Und diese Botschaft zeichnet ein neues Bild vom Menschen, und dieses Bild vom Menschen unterscheidet sich nun in der Tat von allen anderen Ideologien und Konzepten, die man uns immer wieder vorträgt. Karl Marx hat in einer seiner frühen Schriften zur Judenfrage gesagt: Der Mensch, wie er geht und steht, ist nicht der eigentliche Mensch, sondern er muss, um eigentlicher Mensch zu sein, das richtige gesellschaftliche Bewusstsein haben und der richtigen Klasse angehören. Die Nazis wiederum haben gesagt, der richtigen Rasse, und die Nationalisten dem richtigen Volk, dem Schweizer Volk, dem deutschen Volk, sonst kann man den anderen durch eine Glastür jagen, wo er verblutet, oder in einer Jauchegrube versenken. Die Fundamentalisten sagen: Er muss die richtige Religion haben, sonst wird er ausgepeitscht wie in Saudi-Arabien, oder er wird verbrannt wie vor 500 Jahren in Europa. Und wieder andere behaupten, er muss das richtige Geschlecht haben, er darf ja keine Frau sein – sonst ist er ein Mensch zweiter Klasse. Weltweit werden die Menschen kategorisiert, und je nachdem, zu welcher Kategorie sie gehören, werden die Leute liquidiert, vergast, gesteinigt, in die Luft gesprengt, zu Tode gefoltert oder sonst wie umgebracht. Die falschen Menschenbilder waren und sind die Ursachen für die schwersten Verbrechen, die begangen worden sind, und auch die Ursachen für die schlimmsten politischen Fehlentscheidungen. Deswegen ist die Frage nach dem richtigen Menschenbild die richtige politische Frage, und das hat knallharte Konsequenzen.

Das Menschenbild von Jesus kennt diese Kategorien nicht, sondern nach dieser Botschaft ist der Mensch, wie er geht und steht, der eigentliche Mensch, in seiner Würde unantastbar, weil diese Würde in Gott selbst verankert ist – unabhängig davon, ob jemand geboren ist oder ungeboren, so sehen es viele. Deshalb ist die derzeitige Debatte über den Embryonenschutz eine wichtige Debatte. Die Unantastbarkeit der Menschenwürde gilt auch unabhängig davon, ob jemand Mann oder Frau ist. Die Menschenwürde der Frauen wird auf der Erde massiv verletzt. Von einer Milliarde Analphabeten sind 80 Prozent Frauen, eben 800 Millionen Menschen, aber nicht etwa deswegen, weil die Frauen dümmer wären als die Männer, sondern weil sie durch die von Männern errichteten Herrschaftsstrukturen systematisch von den Bildungssystemen ferngehalten werden. Und unsere Religion, das Alte Testament, aber auch der Koran und andere, sie alle haben Schuld daran, weil sie die Frauen von vornherein deklassiert haben.

Das müssen Sie sich einmal vorstellen: Da hat die Frau angeblich die Frucht vom Baum heruntergenommen und dem dummen Mann übergeben, der gar nicht kapiert hat, was da offenbar vor sich ging. Und dann sagt der Prophet Sirach: «Durch die Frau kam die Sünde in die Welt.» Und warum dies nach Gottes Ratschluss gerade die Frau sein musste, weiss niemand, auch kein Theologe, aber jedenfalls waren die Frauen von da an schuld an der Sünde auf dieser Erde. Das haben die Männer die Frauen bitter büssen lassen, und das hat schliesslich auch zur verqueren Sexualmoral der Kirchen geführt. Aber dies hat mit Jesus nichts zu tun: Jesus war ein Freund der Frauen, und er kannte die Not und die Ausbeutung, eben das Schicksal der Frauen in der damaligen patriarchalischen Gesellschaft. Auch Frauen gehörten zu seiner engen Lebensgemeinschaft, und es ist unverständlich, dass die Frauen heute von der katholischen Kirche aus dieser Gemeinschaft ausgeschlossen werden, wenn es darum geht, an der Verkündigung der Botschaft sozusagen von Amts wegen teilzunehmen. Man kann das Verbot der Frauenordination nicht mit dem Evangelium begründen. Die katholische Kirche wird ihren Standpunkt eines Tages revidieren müssen, davon bin ich fest überzeugt. Das wäre ein grosses Signal, wenn diese grosse Weltkirche endlich diese Diskriminierung der Frauen beseitigen würde. Auch für andere Religionen, andere Kontinente!

Ich habe vorhin vom Menschenbild geredet. Die Würde des Menschen gilt nach dem Evangelium auch unabhängig davon, ob jemand jung oder alt ist. Wir sind daher verantwortlich für die Würde der Menschen, die nach uns kommen, für die Würde unserer Kinder und Enkel.

Ich glaube, dass wir allesamt gut daran tun, wenn wir uns wieder auf diese Grundlagen besinnen, denn was wir zurzeit in der Welt haben, auch in Deutschland (über die Schweiz will ich jetzt gar nicht reden), ist ja keine Ordnung, sondern es ist im höchsten Masse Unordnung. Und deswegen haben wir diese katastrophalen Meldungen jede Woche über Bürgerkrieg, Arbeitslosigkeit, Armut, Völkermord. Der Grund dafür ist meines Erachtens ganz eindeutig. Wir haben in unseren Ländern und in der Welt das ethische Fundament verloren, und wenn ich kein ethisches Fundament habe in der Politik, dann wird Politik wetterwendig, flatterhaft, unberechenbar. Und deswegen brauchen wir wieder eine Renaissance dessen, was in der Botschaft des Evangeliums auch als Grundlage der Politik verkündet worden ist. Das ist ein Angebot. Das bedeutet aber nicht, dass nun alle Christen werden müssen. Das ist ein Angebot, und das, was ich gerade gesagt habe, das können alle akzeptieren. Und so hat es Jesus auch gemeint.

Auch wenn jemand Muslim ist oder Hindu oder von einem anderen Kontinent stammt, so ist die Botschaft von der Guten Nachricht für alle Menschen bestimmt. Was Jesus gemeint hat, das hat er ja in seiner Endzeitrede zusammengefasst, die könnte heute noch genauso gehalten werden, Wort für Wort. Wo er die Völker der Welt versammelt: Auf der einen Seite stehen diejenigen, die es nicht so gut gemacht haben. Und auf der anderen Seite sind diejenigen, die es gut gemacht haben – und zu denen sagt Jesus: «Ich habe gefroren, ich war nackt, und ihr habt mir Kleider gegeben. Ich war hungrig, und ihr habt mir zu Essen gegeben. Ich war durstig, und ihr habt mir zu trinken gegeben. Ich war krank, und ihr habt mich gepflegt. Ich war im Gefängnis, ich war ein Krimineller, und ihr habt mich besucht, ihr habt mich nie ausgegrenzt, und ich war in der Fremde, und ihr habt mich aufgenommen.» Und dann antworten sie Jesus:

«Ja, wann haben wir dich einmal gepflegt, wann haben wir dich besucht oder nicht besucht?» Und dann erklärt er ihnen: «Alles, was ihr dem Geringsten in eurer Gemeinde, in eurer Stadt, in eurem Staat getan habt, das habt ihr auch mir getan. Und was ihr ihnen nicht getan habt, das habt ihr auch mir nicht getan.»

In dieser Botschaft liegt eine ganz grosse Chance, eben, das Leben der Menschen zum Positiven zu verändern. Wir müssen die Botschaft wiedererwecken, und ich finde, es wäre eine Aufgabe der Kirchen, diese Botschaft in ihrer Artikulation, in ihrer Aussage nicht Organisationen wie beispielsweise Amnesty International allein zu überlassen, zweifelsohne gute und wichtige Organisationen. Sondern die Kirchen sollten sich mit dieser Botschaft von Jesus selbst an die Spitze der Bewegung stellen, denn wir brauchen eine Veränderung der Politik auf unserer Erde, gerade auch in unseren Ländern, wenn wir und vor allem unsere Kinder eine gute Zukunft haben wollen.

Ich bedanke mich, dass Sie mir zugehört haben.

Heinz Mack

WEST – OST

KULTUR DES DIALOGS UND
DIALOG DER KULTUREN

Anfang der Achtzigerjahre folgte ich der Einladung zu einem persönlichen Gespräch mit dem damaligen Kardinal Höffner, Erzbischof von Köln. Gleich zu Beginn eröffnete ich ihm, dass ich gar keiner Glaubensgemeinschaft mehr angehören würde. Er schien überhaupt nicht irritiert und erklärte kurz: «Der Kirche mangelt es nicht an Gläubigen, uns fehlen grosse Künstler!» Ich nahm das Kompliment schweigend an. Alsbald kam es zu meinem ersten Auftrag, eine Kapelle zu gestalten. Mein Entwurf zu einer «Himmelfahrt Mariens» sollte den Kardinal noch in seinem Sterbezimmer begleiten.

Vor drei Jahren erreichte mich die persönliche Einladung des iranischen Staatspräsidenten, Herrn Chatami, meine Werke in Teheran zu zeigen. Ich fühlte mich wie ein Wanderer zwischen den Welten. Wie kam es dazu, was war vorausgegangen? Als der Geburtstag Goethes im Jahre 1999 sich zum 250. Mal jährte, war Chatami Staatsgast in Deutschland. Dieser hochgebildete Mann, der unter anderem Philosophie in Hamburg studiert hatte und der als Goethe-Kenner und -Verehrer bei den Feierlichkeiten in

Weimar von Bundespräsident Johannes Rau willkommen geheissen wurde, plädierte in seiner hochkarätigen Ansprache für einen «Dialog der Kulturen», was Rau mit der Bitte um eine «Kultur des Dialogs» erwiderte. Chatami hatte seinerseits eine Bitte: Er liess verlautbaren, dass eine allererste Übersetzung des *West-östlichen Divans* von Goethe ins Persische ihn beglücken würde. DaimlerChrysler übernahm grosszügig die Kosten, und ich hatte die Ehre, das erste Buchexemplar in Teheran zu überreichen.

Zufall oder nicht, ich meinerseits hatte den Wunsch gehabt – ohne Auftrag und ebenfalls keine Kosten scheuend –, Goethe die Ehre zu erweisen und seinen *Divan* in ein kostbares, bibliophiles Künstler-Bilderbuch zu verwandeln; aus eigenem Antrieb forderte ich von mir höchsten Anspruch. Als das Opus fertig war, muss es wohl auch in die Hände von Chatami gelangt sein. Und dank der Unterstützung durch die Kulturabteilung des Auswärtigen Amtes kam es zu einer grossangelegten Ausstellung im Museum für Moderne Kunst in Teheran: die wohl erste Ausstellung moderner Kunst nach dem Sturz des Schahs.

Die Ausstellung war ein solcher Erfolg, dass sie dreimal verlängert werden musste. Aus Furcht vor religiösem Fanatismus wurden alle meine Arbeiten mit Sicherheitsglas und permanenter Bewachung durch Saalwächter geschützt. Soweit mein kurzes Vorwort zu meinem eigentlichen Vortrag.

Die Kunst des 20. Jahrhunderts entstand in Europa, die moderne Kunst ist eine Kunst des Westens und erreichte in der zweiten Hälfte des Jahrhunderts besonders in den Vereinigten Staaten Amerikas grössere Bedeutung. In Europa und den USA lebten und leben die wichtigsten und kreativsten Künstler, im Westen entwickelte sich der Kunsthandel, der

Voraussetzung ist für das Entstehen grosser Kunstsammlungen und Museen; hier im Westen etablierte sich eine professionelle Kunstkritik, eine Kunstpädagogik in den Schulen und Akademien. Eine rege Kunstbuchproduktion, internationale Kunstmessen, Auktionen und Ausstellungen folgten. Das Ergebnis einer vitalen Produktion in der Malerei, in der Skulptur, in der Grafik und zuletzt auch in der Photographie ist, dass nicht nur ein ganz neues kultursoziologisches Verständnis in der neuzeitlichen Massengesellschaft sich bildete, sondern dass die Kunst im weitesten Sinne zu einem erheblichen Kultur- und Wirtschaftsfaktor werden konnte, der heute von einer Freizeitgesellschaft positiv aufgenommen wird, trotz einer implizierten Sozialkritik. Die Kunst ist für alle da, wenn auch nicht alle für die Kunst da sind. Das ist die bekannte gegenwärtige Situation, darum aber – insbesondere in Hinblick auf die östliche Hemisphäre der Welt – keineswegs selbstverständlich, worauf ich später noch zu sprechen kommen werde.

Ein fundamentaler Unterschied zwischen westlicher und östlicher Kunst ist, dass die moderne Kunst einen unglaublichen Reichtum an Stilen hervorgebracht hat, ein Phänomen, das in der individuellen Freiheit des Künstlers begründet ist, die sich kollektiven, institutionalisierten dirigistischen Vorgaben entzieht. Aber auch im Vergleich mit den grossen historischen Stilen des Abendlandes hat es zu keiner Zeit eine solche Fülle künstlerischer Ausdrucksformen und Stile gegeben wie in den vergangenen hundert Jahren. Die Frage nach der Qualität ist hier nicht gestellt. Die individuelle Freiheit des Künstlers war und ist noch immer für autoritäre Staaten eine höchst unerwünschte Gefahr, wie das Beispiel der Diffamierung und der ihr folgenden Vernichtung der sogenannten «entarteten Kunst» während der Hitler-Diktatur zeigt. Auch die fundamentalistischen religiösen Doktrinen reagieren höchst allergisch auf die Freiheit des künstlerischen Ausdrucks, die geradezu Synonym und Reagenz ist für die Freiheit des Menschen.

Die kulturellen Bedingungen zwischen dem Abendland und dem Morgenland, zwischen Okzident und Orient, zwischen dem Westen und dem östlichen vorderasiatischen Raum sind der Gegenstand meines Interesses und meines Vortrages, wobei sogleich darauf hingewiesen werden muss, dass sich unser Interesse auf den islamischen Kulturraum beschränken und konzentrieren soll, insoweit er aktuelle Bedeutung im gegenwärtigen Diskurs gewinnt und er Spiegel der gesellschaftlichen Realität ist.

Die Kunst des Alten Orients, welche achttausend Jahre zurückreicht, kann hier nur skizziert werden; sie ist die vorgeschichtliche und frühgeschichtliche Voraussetzung für meine zeitgemässen Fragestellungen. Die Sumerer, das Reich von Akkad, Ur, Babylon und Assyrien, das Reich der Perser, die mesopotamischen und phönizischen Stadtstaaten stehen hinsichtlich ihrer kulturellen Grosstaten den altägyptischen Dynastien kaum nach. Nicht zufällig nennt man das Zweistromland, von Tigris und Euphrat bewässert, die Wiege der Menschheit. Merkwürdig ist, dass Europa eigentlich aus Asien kommt, sagt Herodot, der erste Historiker unserer Welt.

Als gegen Ende der Steinzeit unsere Vorfahren in Bärenfelle gekleidet noch in den Höhlen oder auf Pfahlbauten Schutz suchten, gebrauchten die Ägypterinnen schon den pulverisierten Edelstein Malachit, um einen gepflegten, grünblauen Augenschatten zu erzielen. Vorderasien besteht aus einer Reihe von Territorien, die konzentrisch angeordnet die arabisch-syrische Wüste zu ihrem Mittelpunkt haben. Es ist nun einzigartig und letztlich nicht nachvollziehbar, dass aus einer rivalisierenden, ungeordneten Vielvölkerschaft von nomadisierenden Beduinenstämmen nach Mohammeds Tod in einem einzigen Jahrhundert ein islamisches Riesenreich sich ausbreitete, von den Atlantikküsten Afrikas, von Spanien bis zum indischen Golf, vom tiefsten Sudan bis in die russische Mongolei. Und es ist ebenso einzigartig und letztlich nicht nachvollziehbar, dass die Weltreligion des Islam – trotz aller Stammesdialekte – eine einzige Sprache, die arabische Sprache kennt, die überall verstanden wird, die sich seit Mohammeds Tod kaum verändert hat.

Sie gilt als überaus reich. Nicht von ungefähr hatte die Dichtung und Literatur bereits zwei Jahrhunderte lang vor Mohammed einen allerhöchsten Stellenwert, Einfluss und höchste Blüte erreicht. Heute ist man sicher, dass die Europäer den Reim von den Arabern übernommen haben. Unzählige Worte und Ausdrücke der spanischen, französischen, italienischen und auch deutschen Sprache leiten sich direkt vom Arabischen ab. Über die Sprache vermitteln sich Botschaften und Denkprozesse. In der Sprache manifestiert sich das Bewusstsein einer Zivilisation und einer Kultur, sie ist das Indiz für geistige Präsenz. Der Begriff der Gedankenfreiheit und der Toleranz ist vermutlich arabischen Ursprungs: Im Koran heisst es, «dass wir über die Fragen des Glaubens verschiedener Meinung sind, verdanken wir der Barmherzigkeit Gottes».

Damit geht einher, dass die Araber den besiegten Völkerschaften deren Sitten und Gebräuche stets weitestgehend belassen haben, dass jahrhundertelang im Vorderen Orient, in Nordafrika, Christen und Juden ihrem religiösen Ritus unbehelligt nachgehen konnten, Missionierungen allerdings ausgeschlossen; Religion und Wissenschaft durften getrennte Welten sein.

Bei Al-Ghazzali, dem persischen Mystiker aus dem 12. Jahrhundert, lesen wir: «Die von der Vernunft bestätigten Wahrheiten sind nicht die einzigen.» Es gibt andere, zu denen unser Verstand auf keine Weise zu gelangen vermag; wir müssen sie akzeptieren, obwohl wir sie nicht mithilfe der Logik aus bekannten Prinzipien folgern können. Es liegt nichts Unvernünftiges in der Annahme, dass es oberhalb der Sphäre der Vernunft eine andere Sphäre, die der göttlichen Offenbarung, gibt. Obwohl wir von ihren Gesetzen und Rechten nicht das Geringste wissen, genügt es, dass die Vernunft deren Möglichkeit zulassen kann. Dass die Araber grossartige Entdeckungen gemacht haben, ist zwar allgemein bekannt, wenn auch auf oberflächliche Weise. Das gesamte Spektrum der arabischen Kenntnisse und Talente zur Zeit des Mittelalters ist schlechthin phänomenal und fordert allerhöchsten Respekt, kann aber hier nur stichwortartig benannt werden.

Die grossen Invasionen der Araber begannen, als Kultur und Zivilisation der persischen und byzantinischen sowie syrischen Grossreiche bereits ihre Vollendung gefunden hatten. Auf deren stürmische Eroberung durch die Araber folgte nicht weniger exzessiv die geistige Inbesitznahme ihrer Kultur. Die syrisch-hellenistische Literatur musste zunächst ins Arabische übersetzt werden. Insbesondere Aristoteles, der die Welt als unendlich und ewig existierend erklärt hatte, was dem muslimischen religiösen Denken völlig widersprach, war nichtsdestoweniger Gegenstand philosophischer Betrachtungen. Aber auch Thales, Empedokles, Heraklit, Sokrates und Epikur wurden ins Arabische übersetzt und fanden alsbald Verbreitung, zunächst in den Medressen, den islamischen Klosterschulen, dann auf den Universitäten in Alexandrien, Bagdad, Kairo, Toledo, Córdoba, Kairouan, wo alsbald grosse, öffentliche (!) Bibliotheken entstanden. Ferner entstanden zahlreiche Laboratorien, in denen experimentiert und die Methode des Vergleichens und der kausalen Beweisführung entwickelt wurde sowie die Wiederholbarkeit experimenteller Ergebnisse, was ja eine conditio sine qua non der modernen Naturwissenschaften werden sollte. Unser Mittelalter kannte diese Forschungsprinzipien noch nicht.

Bis zu der verfeinerten, aristokratischen Palast- und Hochkultur der Kalifate im muslimischen Spanien und der übrigen Mittelmeeranrainer mussten noch einmal mehrere hundert Jahre vergehen, in denen der Ost-West-Handel eine vehemente Bedeutung für die Islamisierung gewinnen sollte, denn mit den Handelsgütern einer ging auch ein Gedanken- und Mentalitätstransfer und Kulturaustausch. Dieser Aspekt wird in der akademischen Geschichtsforschung meines Erachtens viel zu wenig reflektiert, obwohl er sich bis in die vorislamische Zeit zurückverfolgen lässt.

Mathematik und Logik, Algebra und sphärische Trigonometrie, optische Gesetze der Lichtbrechung, astronomische Berechnungen mithilfe des Astrolabiums, die in den Observatorien in Bagdad, Damaskus, Samarkand, Kairo, Toledo und Córdoba angestellt wurden, erreichten eine erstaunliche Präzision. Entsprechend gross waren die geographischen Kenntnisse, was für die vielen Handelswege zu Lande und insbesondere zur See von Bedeutung war. Ferner waren Chemie, Medizin und Pharmazie favorisierte Forschungsgegenstände der Araber. Das medizinische Hauptwerk, Kanon genannt, das Avicenna hinterliess, wurde in viele Sprachen übersetzt und dominierte von 1000 bis 1600 die medizinische Lehre.

Leider konnte die katholische Inquisition unter Kardinal Cisneros nicht der Versuchung widerstehen, den grössten Teil der orientalischen Bibliotheken auf dem Scheiterhaufen zu verbrennen, so zum Beispiel auch die philosophischen Traktate eines Averroes, dessen Aristoteles-Kommentare grössten Ruhm ernteten, oder die Schriften des grossen jüdischen Philosophen Maimonides. Im historischen Islam hat es nie eine Inquisition gegeben. Man stellte den eroberten Völkern frei, dem Islam beizutreten oder sich zu einer anderen Religion zu bekennen; geschah das erstere, dann musste das islamische Bekenntnis auch beibehalten werden. Bei Abfall von der Glaubenslehre – und mit der damit verbundenen öffentlichen Häresie – konnte die Todesstrafe drohen.

Und während in den mitteleuropäischen Klöstern um das Jahr 1000 die Mönche auf die Idee kamen, die griechischen, lateinischen und arabischen Texte uralter Folianten abzukratzen, um den Kauf des teuren Pergaments zu umgehen, um die Evangelien immer wieder abzuschreiben und zu illuminieren, hatten die Araber anstelle des teuren chinesischen Seidenpapiers mittels Baumwolle und Hanf quasi ein zweites Mal das Papier erfunden, eine fundamentale Voraussetzung nicht nur für die Entstehung der grossen arabischen Bibliotheken, sondern vor allem für die Verbreitung des Korans, ist doch der Islam die Religion des Buches schlechthin: In ihm hat sich durch Mohammed Gott offenbart – so die Lehre.

In vorislamischer Zeit, circa 3000 vor Christus, waren es Menschen aus dem Reich Ur, die das Rad erfunden hatten. Das Schiesspulver, der Bronzeguss, das Schachspiel entstand in Vorderasien. Die Phönizier erfanden das Alphabet, nachdem die Sumerer bereits die Keilschrift und den Kalender erfunden hatten! Nach Mohammeds Tod folgten weitere wichtige Erfindungen und Erkenntnisse, welche Voraussetzung wurden für die Eroberung fremder Erdteile, so zum Beispiel der Kompass und das Fernrohr und die Bedeutung der Hygiene, die von Anfang an religiös-ritualen Status hatte, aber gleichermassen die Gefahr grosser Epidemien reduzierte.

Trotz dieser zahlreichen, essentiellen und fundamentalen Forschungsergebnisse und Erfindungen hält sich bei uns hartnäckig eine Indifferenz und Ignoranz über die kreativen Perioden der arabisch-islamischen Kultur, die immerhin 800 Jahre lang, bis in das 16. Jahrhundert, gedauert hat. Ein einziger Besuch der Alhambra in Granada sowie der Kalifenstadt al-Zahra und der grossen Moschee in Córdoba vermittelt uns eindrucksvoll die Hochkultur der Araber, die später mit dem Palast Taj Mahal in Indien eine letzte Steigerung erstrebte, in unseren Tagen wiederum übertroffen durch die monumentale Moschee in Rabat, welcher auch bald eine noch grössere in Saudi Arabien folgen wird. Erst im 17. Jahrhundert haben die Europäer die Araber hinsichtlich wissenschaftlicher Entdeckungen überrundet; die Araber waren durch die Kreuzzüge geschwächt und durch die Mongolen-Einfälle demoralisiert worden.

Unsere Vorstellung vom Orient ist europäisch; Archäologen, Philologen, Künstler, Politiker, Theologen, sie alle haben die höchst komplexe und vielfach differenzierte orientalische Welt idealisiert, indem sie eine globale, in sich geschlossene, durch den Islam dann integrierte Einheit in der Vielheit zu erkennen glaubten. Mit dieser Idealisierung ging aber eine Vereinfachung einher, welche natürlich diesem Amalgam eines vielfach facettierten Vielvölkerstaates nicht gerecht werden kann. Erst heute wird uns bewusst, dass die vielen einzelnen orientalischen Ethnien nicht mit dem Begriff «Araber» zusammengefasst werden können. Um so mehr sind gemeinsamer Glaube sowie die gemeinsame Sprache von weltweiter, wahrhaft globaler Bedeutung nicht nur gewesen, sie sind es heute erst recht. Es sei daran erinnert, dass von den weltweit 1,5 Milliarden Moslems immerhin 30,2 Millionen in Europa und davon 3,2 Millionen in Deutschland leben.

Unsere eigene Kultur und Zivilisation ist aus dem Mittelmeer-Raum erwachsen: Dies ist der Raum, in dem sich Orient und Okzident jahrhundertelang begegneten. Um das Mittelmeer herum entstanden nicht zufällig die vielen grossen Hochkulturen. Eine Kulturgeschichte, die die klimatischen Bedingungen mehr berücksichtigen würde, steht meines Wissens noch aus. Offensichtlich bekommt ein gemässigtes subtropisches Klima der Kreativität des Menschen am besten (weshalb ich auch einen Teil meiner Arbeitszeit auf der Mittelmeer-Insel Ibiza verbringe). 1914 endete nach 100 Jahren Kolonialzeit – 85 Prozent der Erdoberfläche waren unter europäische Kolonialherrschaft geraten – die Dominanz des europäischen Selbstbewusstseins, welches aus der technischen und wissenschaftlichen Überlegenheit resultierte. Ein Kapitel für sich, ein kapitales Kapitel der Neuzeit, dessen Folgen wir tagtäglich erfahren.

Auch diese Antizipation einer Erweiterung unserer globalen Vorstellungswelt ging bereits im 19. Jahrhundert einher mit einer Gegenbewegung, nämlich der Regionalisierung, wie sie in der Beobachtung resultiert, dass zum Beispiel die gegenwärtigen europäischen Staaten ebenso wie die der östlichen Hemisphäre starke nationalistische

Neigungen zeigen bei der Wahrnehmung ihrer nationalen Interessen.

In diesem Kontext gewinnen auch die kreativen, das heisst kulturellen Manifestationen, besonders in Europa, die Bedeutung, den Charakter und die Identität eines Landes sichtbar werden zu lassen – mit einer gewissen Ausnahme Deutschlands, das nach der Katastrophe des Zweiten Weltkrieges und einer dann nachhaltig folgenden Amerikanisierung meines Erachtens noch lange nicht zu einem natürlichen, normalen und begründeten Selbstbewusstsein zurückgefunden hat (wobei das Wort «zurück» nicht falsch verstanden werden darf, was mehr als fatal wäre). Dies ist meine persönliche Ansicht hinsichtlich unserer Kulturlandschaft, die sich im Vergleich mit anderen Ländern ihrer selbst bewusst werden darf und auch muss. Letzteres wäre eine allererste und unverzichtbare, essentielle Voraussetzung für einen Kulturdialog zwischen unserem Land, das ein eindeutig europäisches Land ist, mit den Ländern des Orients. Das Postulat einer multikulturellen Gesellschaft halte ich für eine ebenso kurzsichtige wie leichtsinnige, politisch motivierte Wunschvorstellung, weil sie einen widersprüchlichen Kulturbegriff beinhaltet. Damit wäre die Gefahr vorprogrammiert, dass aus einem höchst vielschichtigen Neben- und Miteinander der diversen Kulturen ein Durcheinander und dann ein Auseinander wird, kurzum das Gegenteil des Angestrebten erreicht wird. Das Gleiche könnte dem vielzitierten «clash of civilizations» widerfahren.

Goethe schreibt:

Es gibt keine patriotische Kunst und keine patriotische Wissenschaft. Beide gehören wie alles Gute der ganzen Welt an und können nur durch allgemeine freie Wechselwirkung aller zugleich Lebenden, in steter Rücksicht auf das, was uns im Vergangenem übrig und bekannt ist, gefördert werden.

Es gibt also keine nationale, religiöse Kunst und keine religiöse Wissenschaft; mit «Wechselwirkung» meint Goethe den Dialog.

Es ist aber nicht nur das einmalige Phänomen einer einzigen Sprache, die für jeden Araber verständlich ist. Ebenso einzigartig ist die Tatsache, dass die künstlerischen Höhepunkte und Hauptwerke ebenso wie die damit verbundene Volkskunst von Córdoba bis Samarkand und vom afrikanischen Timbuktu bis zum Kaspischen Meer von ein und derselben Ästhetik geprägt sind, die sich – nachdem sie sich einmal entwickelt hatte – bis zum Ende der islamischen Kunst gegen Ende des 7. Jahrhunderts nicht mehr veränderte. Nur in der dynastischen Kunst Ägyptens haben wir das Phänomen, dass über ganze Jahrhunderte hinweg der einmal formulierte ästhetische Kanon und Stil so nachhaltig repetiert wurde (was man auch mit einer Erstarrung kreativer Prozesse bezeichnen kann).

Die sogenannte islamische Kunst beinhaltet die der Byzantiner, Kopten, Syrer, Mongolen, Perser, Chinesen, Inder, der armenischen Christen und so weiter, deren Kunst ja bereits vor der islamischen Eroberung sich grossartig entwickelt hatten und die nun auf das «Bilderverbot» jeweils verschieden reagierten. Und damit komme ich auf ein zentrales Thema meines Vortrages: Diverse Interpretationen von diversen, sich teilweise widersprechenden als auch sich ergänzenden Textstellen des Koran bewirken das Verbot einer figürlichen Darstellung in der Kunst. Die Folge war eine ungegenständliche Kunst – so wie auch ein grosser Teil der klassischen Moderne eine ungegenständliche Kunst ist. Zwei Namen mögen zu Beginn des 20. Jahrhunderts stellvertretend stehen: Mondrian und Malewitsch.

Da meine Kunst seit nunmehr einem halben Jahrhundert ebenfalls eine gegenstandslose, abstrakte Kunst ist, wird man verstehen, warum mich die orientalische Kunst faszinieren muss. Noch immer hält sich hartnäckig und weltweit die Vorstellung, dass Kunst etwas darstellen muss. An die Stelle «Was stellt das dar?» muss die Frage treten «Wie ist das dargestellt?». In Goethes Maximen und Reflexionen lesen wir:

Den Stoff sieht jedermann vor sich, den Gehalt findet nur der, der etwas dazu zu tun hat, und die Form ist ein Geheimnis den Meisten.

Und Schiller sagt, nur von der Form sei wahre ästhetische Freiheit zu erwarten; die Form müsse den Stoff tilgen.

Die autonome Welt des Kunstwerks ist eine sich selbst begründende, sich selbst genügende schöpferische Sphäre mit einer eigenen, unabhängigen visuellen oder musikalischen Sprache, die sich quasi selbst erfindet, ihrer eigenen Notwendigkeit folgend, und durch die wir zu reinen Empfindungen kommen, die uns sonst nicht erreichen würden. Die Musik folgt diesen immanenten Gesetzen am ehesten und vielleicht auch am leichtesten. Im ursprünglichen Sinne bedeutet «autonom» «das, was durch sich selbst Gesetz ist». Anstelle von «abstrakter» Kunst sprechen wir besser von einer «nicht figürlichen» Kunst, weil letztlich alle Kunst mehr oder weniger abstrakt ist.

Die Nachahmung der äusseren Erscheinungswelt wurde den islamischen Künstlern aus religiösen Gründen untersagt; die Abbildung belebter Wesen wurde nicht geduldet, obwohl das explizit an keiner Stelle des Korans steht. In der Bibel heisst es bereits: «Du sollst dir weder ein (Gottes-)Bild noch irgendein Abbild machen von dem, was droben im Himmel noch unten auf der Erde oder im Wasser unter der Erde ist». Ähnlich heisst es im Koran, dass man sich im Irrtum befindet, wenn man Idole und Fetische anbetet, Irrtum im Glauben aber ist Häresie, ist Ketzerei, Gotteslästerei.

Ob die viel zitierte «Bilderfeindlichkeit», die zum Ikonoklasmus führen kann, zum ursprünglichen Islam gehört oder vom christlich-orthodoxen Byzanz übernommen wurde, wird von den Wissenschaftlern kontrovers diskutiert.

Ein Hadith – so nennt man die Erklärungen, welche Mohammed postum zugeschrieben werden – heisst: «Die Engel treten nicht in einen Tempel ein, in dem es Bilder gibt». Diesen Ausspruch soll er getan haben, als er anordnete, alle Statuen und Bilder, welche sich in der Kaaba zu Mekka befanden, zu zerstören.

Gott abzubilden wurde ebenso als Gotteslästerung empfunden wie die Darstellung seiner Schöpfung. In der byzantinischen Kunst wurden interessanterweise Ikonen mit Heiligendarstellungen rückseitig mit dem Hinweis versehen: «nicht von Menschenhand gemalt».

Die unbestreitbare Tatsache, dass sich in den ersten 500 Jahren nach Mohammeds Tod weder in den Moscheen noch im Koran selbst Darstellungen von Lebewesen finden, jede figurative Kunst also einfach nicht existiert, ist Ausdruck einer ästhetischen Revolution, welche den byzantinischen Ikonoklasmus teilweise aufnimmt, die pharaonischen oder die griechisch-römischen Kunststile aber ausschliesst!

Ich zitiere noch ein Hadith:

«Am Tage der Auferstehung wird die schrecklichste Strafe dem Maler auferlegt, der die Geschöpfe (die Schöpfung) nachgebildet hat.» Gott wird ihnen dann fordernd sagen: «Jetzt gebt euren Geschöpfen das Leben», was ja nicht möglich ist. Der Stolz des Künstlers, die Schöpfung Gottes nachzubilden, wird Luzifer gleichgesetzt, da nur Gott allein Leben verleihen kann. Die Nachbildung der unbelebten Natur dagegen war nicht verboten. (Man denke zum Beispiel an die Mosaiken des Felsendoms in Jerusalem.) Und natürlich kamen kontroverse Fragen auf. Zum Beispiel: Ist eine Pflanze leblos?

Zusammenfassend kann gesagt werden, dass an die Stelle der Nachahmung der Natur, wie sie in der pharaonischen, hellenistischen, römischen und byzantinisch-syrischen Kunst geherrscht hatte, nun eine ganz offene, gegenstandslose Kunst tritt, wie sie besonders im Ornament, in der Arabeske, in der Kalligraphie und nicht zuletzt in den Mosaiken zum Ausdruck kommt, in vielerlei Hinsicht unserer modernen konkreten Kunst verwandt.

An dieser Stelle möchte ich nicht versäumen, darauf hinzuweisen, dass von allen Kunststilen des 20. Jahrhunderts bis heute die ungegenständliche oder, besser gesagt, die konkrete Kunst diejenige ist, welche am längsten sich durchgehalten, entwickelt und erweitert hat. Die Betrachtung der islamischen Ästhetik wäre nicht ausreichend, wenn wir das «Prinzip der Unwahrscheinlichkeit» für den Formen- und Farbenreichtum unterschätzen würden. Das «Unwahrscheinliche» ist das im kreativen Prozess Unerwartete, das Gegenteil dessen, was wir in der Natur vorfinden, die Erscheinung des Wunderbaren. Dies geht eng zusammen mit der Ästhetik des *horror vacui,* der Angst vor dem Nichts, welche den atomistischen Vorstellungen der islamischen Theologie entspricht und dem jeder Künstler ausgesetzt ist, wenn er aus dem Nichts heraus gestalten soll. Denken Sie an den Maler, wenn er vor der leeren Leinwand steht.

Da ich selbst ausreichende Erfahrungen in den afrikanischen und arabischen Wüsten gemacht habe, frage ich mich, ob solche Erfahrungen eine Beziehung haben zu dem, was die Künstler den horror vacui nennen. Die islamischen Beduinenvölker haben bekanntlich die farbenfrohesten Teppiche und Kleidungen geschaffen in einer wüstenähnlichen Umwelt, die diese Farben von Natur aus gar nicht kennt. Farben in einer oft monotonen feindlichen Umwelt hatten somit auch die Bedeutung einer psychischen Entlastung.

Eng damit verbunden ist auch die Vorstellung des Paradieses als Garten, mit anderen Worten: Die Gärten wurden meines Erachtens in der Wüste erträumt, ihre Entwicklung reicht vom 11. Jahrhundert bis in das 19. Jahrhundert und unterstreicht den universellen Charakter der islamischen Kunst vom Atlantik bis zum chinesischen Meer.

Damit wiederum vernetzt sind die Fragen nach der Ausdehnung des Raums und die Frage, ob dieser begrenzt oder unbegrenzt gedacht werden soll und ob der leere Raum in der Kunst kontinuierlich und stringent okkupiert werden muss, um erfahren und beherrscht werden zu können. Dies wiederum führt zu der Frage, ob der Raum – sei es der Raum der Fläche, sei es der dreidimensionale Raum – durch ein Netzwerk, durch eine ornamentale Struktur erfüllt und bestimmt werden kann und welche «Dichte» diese Struktur gewinnen darf: Man spricht hier von «dekorativen Atomen», die die Flächen vibrierend beleben, zum Beispiel in den grossen Mosaiken der ansonst planen Architekturfassaden oder der wabenförmigen, die Raumecken füllenden Stalaktiten. Das proportionale Verhältnis von kleinteiligen Strukturen zur Grösse der zu bedeckenden Fläche, wie wir es in den Mosaiken sehen, ist solch ein Problem der Dichte. Es ist eine polyphone Welt der Strukturen, der Ornamente, kalligraphischen Zeichen, Arabesken und der reinen Farben, deren Unwahrscheinlichkeit reiner «Artefakt» ist, in keinerlei direktem Verhältnis zur Naturbeobachtung steht.

Die okzidentale Kunst ist die Welt der Schatten; in ihr ist die Form der Tragödie entstanden. Die orientalische Kunst ist schattenlos; sie versteht nicht, dass die Christen ihren Gott gekreuzigt haben, dass sie – wenn auch nur symbolisch – sein Fleisch, sein Blut sich einverleiben, wenn sie in der Eucharistie das Geheimnis der Kirche anrufen. Das Universum der atomaren, also der kleinteiligen Strukturen und deren Vernetzungen im grenzenlosen Rapport, wie es der orientalischen Kunst zu eigen ist, hat nicht nur eine erstaunliche und rätselhafte Wahlverwandtschaft zur modernen Kunst (man denke zum Beispiel an das «all-over» Pollocks). Beide Kunstsphären können auch in Beziehung gesetzt werden zu unserem gegenwärtigen naturwissenschaftlichen Weltbild, in dem Mikrostrukturen, die nur noch durch das Elektronenmikroskop sichtbar gemacht werden können, an die Stelle einer sichtbaren Welt treten, die wir noch mit blossen Augen sehen.

Das Ornament ist nun in der orientalischen Kunst von allergrösster Bedeutung, sei es als Bundornamentik, Flechtwerk, geometrisches kristallines Sternennetz, sei es als Zellstruktur, als Kalligraphie oder als pflanzliche Arabeske (man denke auch an den orientalischen Einfluss im «Jugendstil»):

Immer haben diese ornamentalen Formen ihre eigene Logik, ihren eigenen Rhythmus, ihre eigene lineare Melodie; im Ornament kommt die Unruhe der fortlaufenden Wiederkehr eines Motivs zur Ruhe.

Goethe:

> *Dass du nicht enden kannst, das macht dich gross,*
> *und dass du nie beginnst, das ist dein Los!*
> *Dein Lied ist drehend wie das Sternengewölbe,*
> *Anfang und Ende immerfort dasselbe,*
> *und was die Mitte bringt, ist offenbar das,*
> *was am Ende bleibt und anfangs war.*

Im Ornament wird also ein Motiv, ein möglichst einfaches, harmonisches Formelement in eine Reihung gebracht, also permanent repetiert, ohne Anfang und ohne Ende gedacht. In solch einem einzelnen motivischen Element ist das gesamte Ornament quasi latent wie ein Code bereits vorhanden, es muss nur noch zur Entwicklung gebracht werden. In diesem prozessualen fortlaufenden «Entwickeln» ist also auch Zeit enthalten, und damit auch Raum. Ich frage mich, ob eine latente Beziehung gedacht werden kann zwischen dem Prinzip der Repetition, von dem jedes Ornament lebt, und der Repetition des Zitierens der Suren des Korans, was ein Wesensmerkmal der religiösen Erziehung des muslimischen Glaubens überhaupt ist. Es gibt symptomatischerweise viele Analphabeten, die den Koran auswendig rezitieren können.

Die linearen Entsprechungen in einer Struktur sind von ganz ähnlicher Gesetzmässigkeit; man denke zum Beispiel an das absolut gleichmässige Sechseck einer einzigen Zelle in einer Bienenwabe, womit wir auch wieder an die Stalaktitenraster erinnert werden, oder an die teilweise wahnwitzigen verwirrenden Ornamente der Mosaike.

Heute glauben wir auch eine phänomenale Verwandtschaft zwischen den atomaren sowie den interstellaren Prozessen im Weltall zu erkennen. Die Wunder finden kein Ende. Und die Frage nach dem Sinn des Lebens ist für den aufgeklärten Europäer schon lange nicht mehr notwendigerweise eine religiöse Frage, wie Kardinal Lehmann es einmal in meiner Gegenwart formulierte.

Anders der Islam, der konsequent zwischen Gläubigen und Ungläubigen trennt. Die folgenschwersten Differenzen und Widersprüche, die den Islam heute kennzeichnen, werden von einem fanatischen Fundamentalismus geprägt, welcher dem humanistischen Islam zutiefst entgegensteht. Die jahrhundertealte Einheit zwischen religiöser und staatlicher Macht im Islam wird durch den Fundamentalismus radikalisiert und zugleich in Frage gestellt, und Pakistan, ja die ganze übrige Welt wird sich diesem Fundamentalismus stellen müssen, nicht nur militärisch, sondern vornehmlich spirituell. Noch scheinen wir weit davon entfernt, den Dialog der Kulturen führen zu können, denn auch die beiden anderen monotheistischen Religionen, das Christentum und das Judentum, sind nicht frei von fundamentalistischen Bestrebungen.

Was Europa auszeichnet, verdanken wir dem römischen Recht, der christlichen Ethik, der Reformation, der französischen Aufklärung sowie hundert Nobelpreisträgern in Forschung und Literatur, verdanken wir einer dynamischen Hochtechnologie und nicht zuletzt der Schöpferkraft genialer Künstler. Die Frage muss erlaubt und gestellt werden, was die islamische Welt dagegenhält.

Es ist wahrscheinlich, dass spätestens am Ende des 21. Jahrhunderts die Islamisierung Europas stattgefunden hat, schon allein aufgrund der demographischen Entwicklung – soweit die Prophezeiung eines der führenden Orientalisten der Welt, des jetzt 88-jährigen emeritierten Harvard-Professors Lewis.

Was auch immer in unseren Tagen über den «Zusammenprall der Zivilisationen» gesagt werden mag: Die Forderung nach einem Dialog der Kulturen ist aktuell und setzt die Bereitschaft voraus, den anderen zu Wort kommen zu lassen, die erste Voraussetzung einer jeden geistigen Auseinandersetzung, einer Kultur des Dialogs! Im Koran sagt Mohammed:

«Gottes ist der Orient und Okzident. Und wohin ihr euch auch wendet, überall ist das Antlitz Gottes.»

Im *West-östlichen Divan* folgt Goethe dieser Einsicht, wenn er dichtet:

Gottes ist der Orient!
Gottes ist der Okzident!
Nord und südliches Gelände
Ruht im Frieden seiner Hände

Für den Muslim ist «die nächste Abkürzung des Weges zum Paradies der Glaubenskrieg um Gottes willen.» So steht es im Koran. Diesen Glaubenskrieg gilt es zu vermeiden, um des Friedens willen.

Nun habe ich so lange, vielleicht zu lange, vom Dialog gesprochen und werde nun meinen Monolog beenden. Viele Aspekte bleiben unberücksichtigt, manches von dem, was ich dargelegt habe, mag korrekturbedürftig sein. Ich bitte Sie, meine Zuhörer, meine sicherlich mangelnden Kenntnisse, deren ich mir bewusst bin, zu entschuldigen oder gar mit mir zu teilen. In diesem Sinne danke ich für Ihre freundliche Aufmerksamkeit.

Ernst Ludwig Ehrlich

SIND WIR JONA?

Manche von Ihnen werden sich wundern, warum wir als Grundlage für die heutige Anprache das biblische Buch Jona ausgewählt haben. Es gehört zur Hebräischen Bibel und wird in der Synagoge am Nachmittag des Jom Kippur, das heisst des Versöhnungstages, gelesen. Bekanntlich ist dieser Feiertag der höchste und wichtigste im jüdischen Jahr, und selbst Menschen, die sonst der Religion eher fernstehen, beachten diesen Tag. So hat das Buch bis zum heutigen Tag seine Bedeutung und Aktualität behalten.

Das Buch Jona ist eine sprachliche und der Komposition nach vollendete Erzählung. Sie ist von grosser Anmut und mit leichter Hand geschrieben. Ein Lächeln Gottes liegt über ihr. Jona, ein nur in wenigen Zeilen in den Königebüchern (2. Könige 14,25) genannter Prophet, wird vom viel später lebenden Verfasser ausersehen, um als Hauptfigur eines ganz auf die Probleme seiner Zeit abgestimmten Märchens zu dienen. In Wirklichkeit aber ist nicht Jona der Held der prophetischen Lehrerzählung, sondern Gott selbst.

Der Aufbau des Buches ist durchsichtig: Zwischen dem ersten Teil (Kapitel 1–2) und dem zweiten Teil (Kapitel 3–4) gibt es vielerlei Entsprechungen. Beim Auftrag des Propheten handelt es sich wie bei jeder Berufung um einen ernsten Auftrag: Jona soll einer Stadt, deren Tage gezählt sind, Busse predigen. Der Bote versagt, aber Gott verherrlicht sich angesichts des Fliehenden, des sich immer abseits des dramatischen Geschehens stellenden Jona.

Ein Abenteuer für Gott

Unser Büchlein erfordert die Kunst des Nacherzählens und die nicht minder schwere Kunst des genauen Zuhörens, man könnte auch sagen: des genauen Zusehens. Am Buch Jona kann man die Freude am Wie des Wortes Gottes lernen. Nicht nur vom dichterischen Gesichtspunkt her ist es eine Kostbarkeit, auch in seiner Botschaft. Seit den Zeiten des Kirchenvaters Ambrosius liest die Kirche Kapitel aus diesem Buch in den Kar-Tagen oder in der Osternacht. Im jüdischen Gottesdienst nimmt es – wie erwähnt – noch heute seinen wichtigen Platz ein beim Versöhnungsfest.

Wie bei jeder Beauftragung eines Propheten durch Gott beginnt das Geschehen durch seinen Befehl: «Auf! Geh! Rufe!». Jona soll nach Ninive gehen, einer Stadt, die im 8. Jahrhundert die Hauptstadt der grossen Weltmacht Assyrien war. Zur Zeit der Entstehung des Büchleins gab es diese Stadt und diese Weltmacht nicht mehr. Aber der Leser soll sich im Geiste in die Zeit des Jona versetzen. Dann kann er ermessen, was für ein Schrecken in Jona fuhr, gerade diese Stadt zur Umkehr rufen zu müssen. Es wird vermerkt, dass sie «riesengross» war und moralisch völlig verrottet. Zudem war sie schliesslich die Stadt des Hauptfeindes Israels.

Jona mag nicht, er stürzt sich nun in allerlei Unruhe, um nicht hingehen zu müssen, sich nicht in ein Abenteuer für Gott hineinziehen zu lassen. Zwar macht er sich auf und geht – aber genau in die andere Richtung: Er flieht ans Meer, findet ein Schiff, springt hinein, um seinem Auftraggeber zu entkommen. Wir wissen genau, man kann aus der Rufweite Gottes nicht heraus. Was wird nun geschehen?

«Werft mich ins Meer!»

Jetzt beginnt die Aktivität der vielen merkwürdigen Mitarbeiter dieses grossen Gottes. Weil sie seine Mitarbeiter sind, werden sie in unserem Märchen oft selbst «gross» genannt: Da ist zuerst der «grosse Sturm», auf einen Wink kommt er herbei, Gott wirft ihn aufs Meer, sodass das Schiff von den hohen Wellen bedrängt wird. Da sind die heidnischen Schiffsleute, sie tun das, was jeder unverkrampfte Mensch in solcher Lage tun muss: Sie versuchen, den Sturm zu bestehen, und sie beten – jeder von ihnen zu seinem Gott. Da bemerken sie, dass der Fahrgast nicht mittut. Sie suchen ihn und finden ihn schlafend in der Kajüte. Der Kapitän weckt ihn auf: Jona muss mitbeten! Natürlich zu seinem eigenen Gott.

Aber was ist dieser Fahrgast überhaupt für ein merkwürdiger Mann? Das Los, das die Schiffsleute geworfen hatten, befindet diesen für schuldig am Sturm. Jona, befragt, bekennt sich nun, aber im Herzen kalt, zum «Schöpfer des Himmels und der Erde». Es ist, als ob er seinen Katechismus hersagt, mehr nicht. Aber für die Schiffsleute ist das mehr. Sie staunen, dass es diesen Gott gibt, sie ermessen, wie fürchterlich es sein muss, vor ihm zu fliehen. Wie aber kann man ihn versöhnen? Jona schlägt vor: «Nehmt mich, werft mich ins Meer!» Aber die Männer haben ein feines Gewissen. Zunächst noch wollen sie sich ins Zeug legen, sie werfen auch allen Ballast fort, der auf Deck liegt – sie beten schliesslich zu Gott selbst, er möge ihnen nicht anrechnen, dass sie nun wirklich keinen anderen Rat mehr wissen als den, den Jona riet. Jona wird ins Meer geworfen, der Sturm hört auf. An Bord des Schiffes ist grosse Freude. Alle danken dem einen Gott.

Jetzt tritt der nächste Mitarbeiter Gottes auf, es erscheint auf den Wink seines Schöpfers: ein «grosser» Fisch. Er erhält die Aufgabe, den Jona hinunterzuschlucken. Weil der Fisch so gross ist, bleibt Jona in seinem Bauch am Leben, aber es droht ihm die Luft auszugehen. Im alten Text aber soll mit der Bemerkung, dass Jona drei Tage und Nächte im Fisch war, ausgedrückt werden: Gott will nicht den Tod seines Boten. Die «drei Tage» stehen für «am Ende», «endlich», «zuletzt» – als alles aus zu sein schien. Denn nun bekommt das Riesentier wieder einen göttlichen Befehl: Es muss den fragwürdigen Gottesmann ausspucken, und zwar genau an der Stelle, wo zuerst der Sendungsruf an sein Ohr geklungen war. Jona erkennt den Platz sofort, aber er hat keine Zeit, darüber nachzudenken. Sofort ist wieder der Ruf da: «Auf, geh nach Ninive!» Nun beginnt der zweite Teil des Buches, in dem der Zugriff Gottes auf die Leser aller Zeiten erfolgt. Jona unterzieht sich der langen Wanderschaft, er geht auf das befohlene Ziel zu, in einer Stimmung, die wir uns denken können, die im Buch nicht weiter ausgemalt wird.

«Noch vierzig Tage»

Nun steht er vor der grossen, überaus sündigen Stadt; drei Tage müsste man laufen, um an ihr Ende zu kommen. Jona begnügt sich mit den Strassen, die man an einem Tag durchlaufen kann, hier ruft er – die Kürze ist sicher Absicht des Verfassers –: «Noch vierzig Tage, und Ninive ist zerstört!» In welchem Ton und mit welcher Überheblichkeit

Jona gesprochen hat, können wir aus späterem Verhalten erschliessen. Vorerst aber geschieht etwas ganz Erstaunliches: Ninive hält daraufhin einen Staatstrauertag; der König steigt von seinem Thron, er macht den Anfang, hüllt sich in ein Bussgewand, setzt sich in den Staub, wie es die alten Bussriten vorschreiben. Und alle seine Untertanen beginnen ein Buss-Fasten, ja sogar die Tiere werden mit hineingezogen. Mit grosser Liebe malt der Erzähler die Stadt in ihrer Bussstimmung aus. Aber er erklärt auch, wieso es zu einer solchen Bussbewegung kam: «Sie glaubten Gott.» Im hebräischen Text steht hier das gewichtige Wort für Glauben, wie es in der Abrahamserzählung gebraucht wird und sonst selten in den Schriften des Alten Testaments vorkommt. Man muss sich das Staunen der ersten Leser oder Hörer des Jona-Büchleins vorstellen, dass Heiden, die Bewohner einer Stadt, die den Namen einer früher gefürchteten Stadt trägt, dass die Menschen in diesem Sündenpfuhl nun «glauben», und zwar mit der Intensität der frommen Israeliten: mit allen Konsequenzen, mit Busse und Gebet.

Und Gott sah ihr Verhalten; er sah, dass sie umkehrten, und sah, dass sie sich von ihren bösen Taten abwandten. Da reute es Gott, dass er ihnen Unheil angedroht hatte, und er führte die Drohung nicht aus. Jona 3,10

Seinen Jona bekehren

Jetzt könnte eigentlich die Geschichte zu Ende sein, ihr doppeltes Ergebnis wäre dann: Heiden sind leicht zum Einen Gott zu bekehren; auch wenn ein noch so jämmerlicher Gesandter den Namen Gottes ausspricht und ein Wort von ihm überbringt, erfahren sie den grossen Gott, treten mit

Bitte, Dank, Sündenbekenntnis, Fasten und Reue zu ihm hin. Weil dieser Gott so gross ist, ist es ihnen möglich, die Kleinkariertheit seines Boten zu übersehen. Gott tut alles dazu, damit seine keineswegs immer liebenswerten Boten ihren Auftrag ausrichten. Wenn sie weglaufen, fängt er sie wieder ein, er scheut sich nicht, den Auftrag immer und immer wieder neu zu sagen, bis sie gar nicht mehr anders können, als sich wirklich und in die richtige Richtung aufzumachen.

Aber unsere dramatische Erzählung ist noch nicht zu Ende. Gott selbst unterzieht sich jetzt der schweren Aufgabe, seinen Jona zu bekehren, das Heil der anderen ist eingebracht! Wieder sucht er sich merkwürdige Mitarbeiter: eine Staude, den Wind und die Sonne, dazu einen Wurm. Sie treten auf die Bühne, wenn er sie beordert. Wir treffen auf einen aufgeregten, zornigen Jona, dessen Hände wild gestikulieren und nahezu bedrohlich sich gegen den Regisseur hinter dem Vorhang erheben:

«Ach, Herr, habe ich das nicht schon gleich gesagt, als ich noch daheim war? Eben darum wollte ich fliehen; denn ich wusste, dass du ein gnädiger Gott bist, langmütig und voll Güte, und dass deine Drohungen dich reuen. Darum nimm mir jetzt lieber das Leben, Herr! Denn es ist besser für mich zu sterben als zu leben!» Jona 4,2–3

Was ist denn da bloss passiert, dass sich Jona so aufführt? Ninive hatte sich bekehrt. Das aber scheint nicht nach Jonas Willen zu sein. Begreiflich, denn wie sollte man jetzt noch zwischen bösen und guten Menschen unterscheiden? Es war doch so hübsch einfach, die Menschen in Gläubige und Sünder zu sortieren. Jede Bekehrung schafft da ein

Durcheinander! Die Bekehrung von Heiden nimmt denen, die schon immer glaubten, ihre Sonderstellung!

«Es ist nicht gut für dich!»

Das wollte Jona sagen, aber er sagt nun etwas, was nicht nur hochmütig und eingebildet klingt, sondern geradezu auch gotteslästerlich. Er versteigt sich, er nimmt Worte des grossen Mose in den Mund, die dieser sprach, als das erwählte Volk am Sinai um das Goldene Kalb getanzt hatte und seinen, den Einen Gott dadurch abgrundtief gekränkt haben musste. Da appelliert nämlich Mose an Gottes Herz, an seine verzeihende Güte, ja er bietet sich an, in eigener Person Sühne zu leisten. Und auf seine Fürbitte hin nimmt der Ewige Abstand von der Verwirklichung seiner «Drohung». Auf diesem Hintergrund muss man die beleidigenden Worte des Jona sehen, aber auch seine Bitte, durch den Tod von der Bindung an einen solchen Gott befreit zu werden. Zur Antwort bekommt er ein stilles und liebevolles Wort:

«Jona, es ist nicht gut für dich, dass du einen so grossen Zorn hast.» Jona 4,4

Da dreht Jona dem Herrn den Rücken, denn er will Recht behalten. Und er steigt auf einen Hügel, von dem er die Stadt gut im Auge behalten kann. Ja, er richtet sich auf dem Hügel häuslich ein, baut sich ein Laubdach, um Schatten zu haben, damit die Sonne ihn nicht bei seiner Aufpassertätigkeit störe. Es ist sehr durchsichtig, was er zu sehen erhofft: das Ende der Busse, den Rückfall in die alten Laster und Sünden. Ein Wink des Ewigen und eine lebendige Pflanze spriesst auf, die mit ihren breiten Blättern besser schützt als ein dürres

Laubdach. Jona dankt nicht, aber es freut ihn, wörtlich: Er hatte eine «grosse Freude». Da sein Gott ihn aber bekehren will, muss er ihm diese Freude wieder nehmen. Er befiehlt einem Wurm, zur Nacht die Pflanze von unten anzunagen; ein anderer Bote, der heisse Ostwind, bewirkt, dass die Pflanze verdorrt. Nun sticht schliesslich die Sonne zu. Und Jona droht ohnmächtig zu werden. Voller Unwillen erkennt er, woher ihm das alles kommt, und wünscht sich noch einmal energisch den Tod, in Worten, die eine späte Antwort auf die gütige Zurechtweisung seines Gottes sind. Er sagt: «Es ist besser für mich zu sterben als zu leben.» So tief sitzt der Todeswunsch, um Gott zu entkommen.

Wenn wir weglaufen

In einer Überlegenheit sondergleichen, die nur der liebende Gott aufbringt, lenkt der Ewige den Jona von sich ab, er tut so, als ob er gar nicht von seinem eigenen Sterben gesprochen habe. Er unterlegt ihm in diesem Augenblick Mitleid mit der armen Pflanze, die nur so ein kleines Leben gehabt hat: «Ist es recht von dir, wegen des Rizinusstrauches zornig zu sein?» Trotzig sagt Jona, dass er zu recht zornig sei und den Tod begehre. Aber der Ewige spricht weiter: Er setzt seiner Frage den Akzent, den er ihr geben will: Gelt, es tut dir leid um diese Pflanze, obgleich dein Herz ja gar nicht so sehr an ihr hängen müsste, weil du es ja nicht warst, der sie grossgezogen hat? Du hast sie ja nur geschenkt bekommen. Warum meinst du, einen Rechtsanspruch auf sie zu haben?

Von jetzt an verschwindet Jona aus dem Blick, denn es geht, wie wir anfangs sagten, um eine Lehrerzählung an die Leser. Ihnen wird in der Fortsetzung der Gottesrede deutlich, dass Gott das erste und das letzte Wort zu sprechen hat. Er erklärt uns, die wir vielleicht mit Jona Anstoss nehmen am Heilswillen Gottes für die ganze Welt, warum er die Bekehrung Ninives betrieben und ihre Busse angenommen hat: Sollte es mir nicht leid sein um Ninive, der grossen Stadt, in der so viele Menschen leben, «die nicht zwischen rechts und links» unterscheiden können, das heisst, die unwissend dahinleben – und ausserdem noch so viele Tiere?

Er ist da und sieht

Gott schreibt keine Menschen und Länder ab. Aber die es besser wissen müssten, so wie wir, haben Vorurteile, sind misstrauische Beobachter und reagieren auf Gottes allumfassendes Erbarmen aggressiv. Trotzdem will das Büchlein keine Moralpredigt halten, sondern uns froh machen. Im Augenblick, wo wir uns in Jona wieder erkannt haben, sollen wir uns sagen: Wo immer ich in meiner Verdrehtheit Gott aus den Augen gehe und andere Menschen misstrauisch im Auge habe, passt in Wirklichkeit Gott auf mich selber auf. Und er sucht Gelegenheit, um mir einmal deutlich zu machen, dass ich allen Grund zur Freude habe, weil er da ist und «sieht». Damit reisst Gott uns aus aller Lustlosigkeit heraus. Der Hang, sich Gott zu entziehen, liegt in jedem von uns. «Ich möchte ganz einfach Jona sein und fliehen.»

In einer rabbinischen Erzählung wird der Lehrer gefragt: «Was ist die Strafe des Sünders?» Zunächst sagt er: «Du hast mich gefragt, ich sage: ‹Den Sünder jagt das Unheil!› – aber frage doch den Heiligen, gelobt sei Er; Er sagt: ‹Er kehre um von seinem Wege, und es wird ihm verziehen werden.›»

Jona zeugt von unseren Irrtümern

Erster Irrtum: Jona dachte, er könne Gott davonlaufen, wenn er aufs Meer geht. Aber Gott war auf dem Meer ebenso wie auf dem Land.
Zweiter Irrtum: Jona dachte, wenn er schläft, sündige er nicht. Tatsächlich aber traf ihn das Los.
Dritter Irrtum: Jona dachte, wenn er tot sei, dann habe er vor Gott endlich Ruhe. Tatsächlich aber war Gott im Fisch, und Jona bekam erneut mit ihm zu tun.
Vierter Irrtum: Jona dachte, wenn er sich nun schon herbeilässt und in Ninive sagt, was Gott ihm aufgetragen hat, dann müsste Gott sein Wort auch wahr machen und Ninive untergehen lassen. Tatsächlich aber zeigte Gott, dass er die Freiheit hat, umzudenken; es reute ihn, Ninive zu zerstören.
Fünfter Irrtum: Jona dachte, wenn ihm ein Rizinusstrauch wächst, an dem er Freude hat, dann müsse das immer so bleiben. Tatsächlich ging der Rizinus den Weg alles Irdischen und starb. Jonas Entweder-oder-Denken und sein Beharren auf dem Entweder, so wie er es für gut befand, ging also nie auf. Seine Intelligenz nützte ihm für die Lebensbewältigung nichts. Für einen Menschen wie Jona wäre diese Einsicht erneut ein Grund, sich den Tod zu wünschen. Da die Unterscheidung also nicht weit trägt, schlage ich vor, auch die Unterscheidung zwischen Jona und Ninive nicht zu lange aufrechtzuerhalten. Es hat vielmehr Sinn, sich vorzustellen, dass jeder einzelne Mensch Jona und Ninive zugleich ist. Ich gebe beiden einmal andere Bezeichnungen: Jona und Ninive – Verstand und Gefühl, männlich und weiblich, Ich und Unbewusstes, rational und irrational.
Wenn dies so ist, dann ist die Geschichte von Jona und Ninive, in die Gott ständig so energisch eingreift, ein Gleich-

nis für den Menschen und seinen Umgang mit sich selbst. Was sich in unserer Geschichte abspielt, spielt sich hin und wieder in uns selbst ab.

Wir sind Jona, wir das Schiff, wir die Schiffsleute, wir Ninive. Selbst Meer und Fisch wirken in uns – und auch die Stimme Gottes.

Rupert Neudeck

HÖRER UND TÄTER DES WORTES
ODER: SAG MAL, RABBI, WER VON DEN DREIEN WAR DER NÄCHSTE FÜR DEN ÜBERFALLENEN?

Lieber Pfarrer Ritter, lieber Manfred Schlapp, lieber Markus Sprenger, liebe Frau Sprenger, liebe Gemeinde – Sie sehen, ich kenne schon einige Liechtensteiner mit Namen, aber ich habe noch vergessen: –, liebe Familie Gschwend

Dieses Gleichnis vom barmherzigen Samariter tritt mich natürlich immer wieder in den Bauch, muss ich Ihnen sagen, weil es übersetzt werden muss in die Härte unserer Lebenstage im 21. Jahrhundert; wir müssen es immer wieder übersetzt bekommen. Die grosse Gefahr der Verkündigung in den christlichen Kirchen Europas – eine der grossen Gefahren, die ich selbst immer für mich spüre –, ist die Rührseligkeit: Man schwingt sich in Gefühle hinein und wird auch noch unterstützt von schöner Musik und begreift gar nicht, dass man damit der Härte der Auseinandersetzung für die Habenichtse und Schmuddelkinder auf der Welt gar nicht gerecht wird.

Ich weiss das immer an einem Beispiel zu erzählen, das für mich so ganz besonders eindrucksvoll gewesen ist und was zusammenhängt mit Cap Anamur und mit meinem besten und grössten und verdienstvollsten und nie vergessenen Mentor, nämlich Heinrich Böll, den Sie sicher auch alle kennen: einer der grössten Christen Europas des vergangenen Jahrhunderts. Heinrich Böll hatte uns gesagt – damals, als wir dieses Abenteuer begannen, von dem wir gar nicht ahnten, in welche gefährlichen Fahrwasser es uns treiben würde mit diesem Schiff, mit diesem 5335 Bruttoregistertonnen grossen Schiff, das herausging um das zu tun, von dem wir auch immer annehmen, dass nur in der Metaphysik und in der Hypostasierung für uns eine Wirklichkeit sein könnte, doch noch nicht in der Wirklichkeit der Koordinaten von Raum und Zeit, von Dreck und Wasser und Luft, nämlich dass wir mit diesem Schiff herausgehen konnten und das tun konnten, was im Evangelium am Horizont einer Utopie angelegt ist, von dem wir alle uns rührselig wieder ansprechen lassen, nämlich Menschenfischer zu sein, Menschen in äusserster Not auf dem Südchinesischen Meer zu retten, sie dort zu finden, sie dort zu suchen ... Heinrich Böll, dieser wunderbare grosse Freund, hatte damals einen Satz gesagt in die Öffentlichkeit, der klang so wunderbar, dass ich dachte, mit diesem triumphalen Satz sind wir aller Sorgen enthoben und wir werden überhaupt keine Schwierigkeiten mehr haben. Böll hatte gesagt: «Wenn dieses Schiff auch nur einen einzigen Menschen auf dem riesengrossen Ozean, Südchinesisches Meer, retten würde, dann wäre es schon gerechtfertigt.» In der sehr viel härteren Sprache der Wirtschaftsjournalisten gesagt: Dann hätte es schon seine Amortisierung erreicht.

Das Schiff war ein teures Unternehmen, liebe Gemeinde, und wir bekamen 450 000 DM von meinen Mitbürgerinnen und Mitbürgern in der Bundesrepublik Deutschland dafür, aber zu meinen, dass es ausgereicht hätte, wenn ein Einziger mit diesem Unternehmen gerettet worden wäre, wäre natürlich eine tolldreiste Illusion gewesen, ein Kinderglaube, ein Köhlerglaube. Ich weiss, eineinhalb Jahre später kam ein grosses deutsches Magazin, das Sie vom Namen her zumindest kennen – ein ziemlich unverschämtes: der «Stern» –, auf die Idee, bei uns zu fragen, was ein Flüchtling kostet. Man wollte das Kopfgeld eines geretteten Menschen wissen, von dem uns der Talmud sagt: «Es reicht, wenn wir einen retten, dann ist die ganze Menschheit gerettet.»

Ich konnte nicht sagen: «Rufen Sie mal bei Heinrich Böll an, der kann Ihnen das sagen.» Das hätte auch nichts genutzt. Nein, meine Damen und Herren, liebe Gemeinde, liebe Christen, heute Morgen in Liechtenstein, am 29. Januar 2006: Man muss dieses Evangelium und den Auftrag und die Härte dessen, was uns gesagt ist – das muss sich wirklich in der Härte der Auseinandersetzung in Raum und Zeit bewähren. Und Sie müssen so ein Schiff möglichst wirkungsvoll machen, Sie müssen möglichst viele Menschen retten und müssen auch möglichst viele Menschen retten wollen.

Und da kommen wir zu der zweiten harten Formulierung. Das Evangelium in der Sprache der altertümlichen Übersetzungen, die wir so lieben, weil sie uns wahrscheinlich nicht in den Bauch tritt, die Frage ist ja heutzutage, im Jahr 2006, die Frage ist ja nicht: «Rabbi, wer ist der Nächste dem Juden», der da bei Wadi el-Kelt unter die Räuber gefallen ist, zusammengeschlagen worden ist, blutete und fast erschlagen worden wäre. Die Frage ist ja heute die moderne Frage unserer Gesellschaft – und ich fürchte, dass es für Liechtenstein nicht anders ist als für unsere Gesellschaft in Mitteleuropa –, die Frage ist: «Wer ist denn der Zuständige?» Die moderne Frage ist nicht, wer ist der Nächste, sondern wer ist der Zuständige. Und es wurde uns damals, als wir dieses irrwitzige Unternehmen begannen, Menschen aus dem Südchinesischen Meer zu retten, zunächst mal geraten, nach dem «Zuständigen» fragen.

Und, liebe Gemeinde, den Zuständigen gibt es interessanterweise fast immer, ich habe ihn auch gefunden. Jetzt muss ich, um politisch korrekt zu sein, sagen: Nicht in Liechtenstein, aber in der Schweiz habe ich ihn gefunden. In Genf finden Sie den Weltzuständigen für Flüchtlinge – für Flüchtlinge zu Lande, zu Wasser und in der Luft –, den UNHCR, den sogenannten «United Nations High Commissioner for Refugees», und den habe ich auch gefragt: «Wer ist denn der Zuständige, Rabbi?»

Ja, und dieser UNHCR hat mir dann diese klassische Antwort gegeben, die wir alle auch kennen, die Sie von Kindesbeinen an, von der Sozialisation als Erwachsener kennen, als Bürger. Dieser Zuständige hat uns gesagt: «Diesen Fall hatten wir noch nicht!» Das sind unanständige Flüchtlinge, die gehen nicht einen normalen Weg über eine Grenze, die gehen unanständig einfach auf das Meer, da kann man sie nicht interviewen, da kann man sie nicht checken, da kann man nicht prüfen, ob sie richtige oder falsche Flüchtlinge sind.

Ja, mit dieser Antwort würden sich die Christen, wenn sie es denn in der Nachfolge Jesu Christi sein wollen, nicht begnügen. Wir dürfen uns nicht in die Fallstricke der Zuständigkeit treiben lassen und hineinzwängen lassen, wir müssen vorstossen zu der Frage, zu der Urfrage: Wer ist der Nächste? Und das Gleichnis gibt uns nun wirklich alle Argumente, gibt uns alles an die Hand, was wir brauchen, um zu begreifen, dass wir gemeint sind bei den Nächsten. Dass es nicht darum geht, zu sagen, ja, da gibt es aber klügere, da gibt es aber betuchtere, da gibt es reichere, da gibt es wesentlich besser vorbereitete Menschen. Sondern diese konkrete Situation ist da – der Jude liegt vor mir auf dem Weg von Jerusalem nach Jericho, und diese Situation hat sich über die 2006 Jahre nicht verändert. Das kann heute heissen von Moskau nach Grosny, das kann heute heissen von Bagdad nach Baquba, das kann heute heissen von Mussarabad Muradabad nach Islamabad: Immer ist die Situation, diese Ursituation des Gleichnisses dieselbe.

Wir müssen immer aufpassen, damit wir nicht in die Falle der Rührseligkeit hineintapsen und sagen: «Na ja, ist ja ganz schön, der Nächste wird dann schon kommen und er wird seinen Lohn dem Evangelium gemäss erhalten.» Nein, wir sind gemeint. Wir dürfen nicht in die Falle der Moderne hineinfallen, die uns sagt, dass der Zuständige immer derjenige ist, der fein raus ist. Ich kenne das ganze System der Bürokratie in unseren Ländern, die uns dazu verleitet, so zu denken, dass wir das Evangelium und diesen Tritt in den Bauch gar nicht mehr wahrnehmen.

Diese Zuständigkeitsfrage, diese Verweisfrage, dass ich weiss als Arzt, wenn meine Weisheit am Ende ist, muss ich ihn verlegen. Stellen Sie sich mal vor, ein Arzt wäre auch noch vorbeigekommen bei dem blutenden Juden, der da unter die Räuber gefallen ist. Ein moderner Arzt, der Hals-Nasen-Ohren gelernt hat und der einen Zettel ausschreibt und sagt, also der muss zuerst einmal in die Hadassa-Klinik nach Jerusalem oder nach Tel Aviv, und dann können wir mal weitersehen, und dann muss noch die Versicherungsfrage geklärt werden, die ja auch noch nicht geklärt ist – überhaupt all die wesentlichen, wichtigen Fragen der Moderne, in der wir lebende Wesen nun sind, wenn uns das Lebensende noch nicht davon befreit hat. Diese vermeintlich «wichtigen» Lebensfragen nach dem Zuständigen interessieren Jesus Christus nicht, sondern nur, ob der, der vorbeigeht, sich als Nächster sieht und entsprechend handelt.

Das heisst, dieses Evangelium, dieses Gleichnis hat eine revolutionäre Wirkung, wenn wir durch die Hülle der Sprache, wenn wir durch die Hülle des Gleichnisses, durch die Hülle der Poesie, der poetischen Form hindurchhauen und auf den Kern kommen. Der Kern ist: Wir dürfen uns nicht verstecken hinter der Illusion und dem Alibi der Zuständigkeit.

Ich möchte Ihnen das noch an einem anderen Schlüsselbeispiel erläutern, das ich nie vergessen kann. Wir sind ja in dieses Unternehmen reingeschlittert, ohne dass wir Gott sei Dank wussten, was alles uns bevorsteht. Manchmal ist das sehr günstig, meine Damen und Herren, liebe Gemeinde: Manchmal ist es gut, wenn wir nicht alles vorher wissen – was Ihnen an Fallstricken und an Hindernissen und an Knüppel zwischen die Beine geschmissen wird. Stellen Sie sich vor, Sie wüssten das alles vorher, dann lassen Sie es lieber sein. Als ich das erste Mal mit der geballten Bürokratie meiner Deutschen Bundesrepublik zusammenkam, in dem Weltsaal des Auswärtigen Amtes, war die deutsche Hauptstadt noch Bonn. Da kam ich alleine, und es war wirklich alles zusammen. Sie kriegen ja einen solchen Respekt davor, dass Sie fast Ihr Unternehmen vergessen, wenn Sie mal alles vor sich haben. Und es stand jemand vor dem grossen Saal, der so gross war wie diese Kirche hier in Liechtenstein, und er stellte mir eine Frage, die ich bis an mein Lebensende nicht vergessen werde: «Herr Neudeck, sagen Sie: Wer ist eigentlich ihr Seerechtsreferent?»

Und ich durfte nicht zu erkennen geben, dass ich das Wort noch nie gehört hatte, denn dann wäre es ganz furchtbar gewesen. Stellen Sie sich eine Sekunde lang vor, wir hätten damals einen oder zwei fest angestellte Seerechtsreferenten gehabt – diese fest angestellten Seerechtsreferenten, die klassischen Leitbilder der Zuständigkeit auf dieser Welt! –; die hätten natürlich alle Pflicht und Schuldigkeit darin gehabt, fantastische Gutachten uns auszustellen, in denen steht, dass dieses Unternehmen, was wir da planten – was damit geendet hat, dass 12 488 Menschen aus Fleisch und Blut auf dem Südchinesischen Meer gerettet werden konnten –, dass dieses Unternehmen unmöglich ist, weil die Gefahren zu gross sind: Das internationale Seerecht ist zum Beispiel noch nicht kodifiziert, der Festlandssockel ist noch nicht festgelegt durch die UN-Seerechtskonvention. Es gibt die Piraterie im Golf von Thailand, es gibt die Inseln, die Plattformen auf dem Südchinesischen Meer, es gibt die Thai-Piraterie, es gibt also Gefahren noch und noch, die lauern um jede Ecke. – Also, liebe Gemeinde: Hüten Sie sich in Ihrem Leben vor Seerechtsreferenten aller Art, sie nehmen Ihnen jeden Schneid, der heute Morgen in dem Gleichnis, das der Pfarrer Ritter vorgelesen hat, so wunderbar zum Ausdruck kommt. Seerechtsreferenten machen Ihnen alles kaputt, was das Evangelium sagen will. Ich denke, es ist wichtig, an dieser Stelle in Vaduz zu sagen, dass wir nicht eine Sekunde zögern, eine solche Herausforderung anzunehmen, wenn sie uns aufruft, wenn sie uns wirklich tritt, wenn sie so herankommt, dass Sie wissen: Wir sind gemeint.

Dann ist wirklich die Situation da, dass wir uns Dingen im Evangelium stellen können und ihm gerecht werden können. Ich bin nach Liechtenstein gekommen, weil ich Manfred Schlapp hier kenne, der mich mal 2001 eingeladen hat, dieses wunderschöne Land zu erleben und zu besuchen. Aber ich bin jetzt auch gekommen, weil wir Markus Sprenger hier haben. Markus Sprenger ist jemand, der es auch so gemacht hat, als Architekt aus Liechtenstein. Ich wusste ja gar nicht, dass in Liechtenstein Architekten sind: Das sind ja Urerlebnisse für jemanden, der von aussen kommt in dieses Ländchen, von dem man meint, es sei wie die Caymaninseln und bestehe nur aus Banken und anderen Dingen. Aber wir haben jetzt doch diese Probe aufs Exempel gemacht, und der Markus Sprenger ist für uns herausgegangen in eine Situation, von der uns die Gazetten, die Medien, sagen – aber auch die Geheimdienste, auch die Auswärtigen Ämter, auch die Aussenministerien –, dass wir da besser nicht hingehen. Sie wissen, das ist wie der Wasserstandsbericht und der Strassenzustandsbericht, leise Warnungen des Auswärtigen Amtes. Ich weiss nicht, es gibt sicher auch in Liechtenstein so etwas; wenn nicht, halten Sie sich an die Schweiz, die ist vorsichtig genug.

Also, die leisen Warnungen sagen uns: Besser dort nicht hingehen, besser diese Menschen alleine lassen, weil es wichtig ist auf dieser Welt, dass es uns gut geht, uns, die wir die richtige Hautfarbe und den richtigen Pass haben. Das ist wichtig, und um uns macht sich die ganze Welt Sorgen, und um uns machen sich Regierungen wahnsinnige Sorgen, und wenn von uns einer oder eine entführt wird oder verletzt wird oder verschwindet, dann ist ein Riesenapparat zur geballten verbalen Form geworden in diesem Wort, dass ein Sonderstab eingerichtet wird. Für einen von uns, für eine von uns wird alles gemacht, was nur denkbar ist, weil wir auf dieser Welt – und das ist die nächste Konsequenz, die wir aus dem Evangelium ziehen müssen –, weil wir in dieser Welt eben wertvoller sind als viele Millionen, hunderte Millionen anderer.

Das ist eine sehr wichtige Konsequenz, die wir ziehen sollten, damit wir nicht wieder in Rührseligkeit hineintapsen – die Rührseligkeit, die uns dieses Gleichnis austreiben will. Wir haben immer noch, liebe Gemeinde, wir haben immer noch nicht den Zustand erreicht, von dem wir längst meinen, dass wir ihn erreicht hätten; wir haben noch nicht den Zustand erreicht, dass es universal gültige Menschenrechte gibt. Wir reden darüber, ja, aber wir haben ihn noch nicht erreicht. Der Zustand, in dem wir uns einrichten und nicht einrichten sollen. Der Zustand, in dem wir uns eingerichtet haben, ist der Zustand von EU-Menschenrechten (und ich ordne Sie alle der Einfachheit halber in die EU ein). Wir haben die EU-Menschenrechte, die Europäischen Menschenrechte, die für uns gelten, wo immer wir sind auf der Welt, und wir haben die Rechte und Pflichten für die andern, und das ist – ich sage dies nicht gerne, heute Morgen in Vaduz, in dieser Kirche – das ist immer noch ein gewaltiger Abgrund zwischen diesen beiden Rechtsverpflichtungen, die sich die Weltgemeinschaft auferlegt hat.

Mein Schlüsselerlebnis, mein Lebensschlüsselerlebnis ist nicht mehr der Holocaust, für den die Generation meiner Eltern zuständig ist – direkt zuständig –, sondern noch viel schärfer der Völkermord in einem afrikanischen Land, in einem Land der hergelaufenen Ruander, der Tutsi und der Hutu. Damals, nachdem am Abend des 6. April 1994 die Todesschwadronen in der Nacht losgegangen sind, in Kigali, um die Tutsis scharenweise nach Listen, die feststanden, scharenweise zu zerhacken – nicht nur zu ermorden, nicht nur zu erschiessen –, zu zerhacken mit der Machete. Diese Macheten waren nämlich alle per Import hereingekommen aus China. Als dieser Völkermord begann, der der schnellste der Weltgeschichte ist – selbst Holocaustforscher in Berlin haben mir gesagt, dass sie nicht begreifen, wie schnell an die 890 000 Menschen einfach zerhackt, ersäuft und ermordet werden können in zweieinhalb Monaten. Was hat meine europäische Welt damals gemacht? Schimpf und Schande über sie! Sie hat sich aus dem Staube gemacht. Das Einzige, was unsere Staaten, was unsere Regierungen und unsere Gesellschaften damals gemacht haben, war, dass wir aufs Angelegentlichste darauf bedacht waren, unsere eigenen wenigen Landsleute, nicht mehr als 800 – UNO-Beamte, Diplomaten, Entwicklungshelfer, Journalisten, alle die, die die richtige Hautfarbe und den richtigen Pass hatten –, dort herauszuholen, herauszuhauen und diesen furchtbaren Völkermord geschehen zu lassen. Das ist immer noch die Situation, in der wir uns im Jahre 2006 befinden, und ich hoffe, dass wir in den nächsten Jahren und in der nächsten Generation, die die Welt noch ganz anders erleben wird – dass wir aus dieser Situation herauskommen und dass wir wirklich vorstossen zu den universalen Menschenrechten, in denen Menschen wirklich dann gleich gemacht werden, gleich berechtigt, gleich behandelt.

Das ist ja in einer Kirche – wie derjenigen heute Morgen, in der Vaduzer Kirche – wirklich ein grosser, wichtiger Anlass, sich nochmals gegenseitig zu vergewissern, dass das ja der Kern der Botschaft ist. Wenn es für mich einen Kern überhaupt gibt, dann ist es natürlich dieser Kern: dass ich über keinem Dokument der Weltgeschichte, nicht mal über die schönsten Dokumente so klar weiss und so klar eingebläut bekommen habe – das meine ich jetzt im positiven Sinne –, dass Menschen gleich sind, dass Menschen vor Gott gleich sind und dass sogar die Habenichtse und die Schmuddelkinder die Lieblinge Gottes sein können und es auch gewesen sind und es sein sollen.

Das ist die allergrösste und schönste Botschaft, und da ich schon das Wort «schön» in den Mund genommen habe, das durch die Einrahmung dieses Gottesdienstes heute Morgen auch schon eingegeben worden ist, möchte ich doch noch mal erinnern an eines der wunderbarsten Dokumente, die wir haben von Heinrich Böll, dem Mitgründer dieser Aktion, die wir damals begonnen haben 1979. Heinrich Böll hat in einer Rede spontan – in Holstebro in Dänemark, als wir einen Preis bekamen – uns etwas gesagt, was ein Vermächtnis ist und was auch heute für uns hier in der Gemeinde, in Vaduz, vielleicht eine Rückenstärkung sein kann, vielleicht eine Stärkung in puncto Zuversicht. Weil wir brauchen alle Zuversicht bei dieser Arbeit, in der wir wissen, in der wir ahnen und in der wir vielleicht wahr machen, dass wir der Nächste sind – in der nächsten Auseinandersetzung, die kommt. Heinrich Böll hat damals einen ganz neuen Begriff von Schönheit entwickelt, er hat gesagt:

Es ist schön, einem Kind die Tränen abzuputzen. Es ist schön, einem Kind Nahrung zu geben. Es ist schön, einen Kranken zu heilen. Der Bereich der Schönheit, über den wir uns immer wieder schnell einigen können, das ist der Bereich der Künste, das ist die Schönheit eines Menschen, das ist die Schönheit der Natur. Aber Recht und Gerechtigkeit haben auch ihre Schönheit und haben ihre Poesie – wenn sie vollzogen werden!

Diese Schönheit ist nicht gratis und ist nicht in der reinen Anschauung zu haben, sondern die ist nur zu haben, wenn Recht und Gerechtigkeit von uns als den Nächsten vollzogen werden – und nicht von den Zuständigen, nicht von den Seerechtsreferenten, die davon nichts wissen, sondern von uns vollzogen werden, wenn wir herausgehen und nicht fragen: «Wo ist denn derjenige, dem ich diese Aufgabe zuschanzen kann?» Dann ergibt das eine ganz neue Form der Ästhetik, der Schönheit für diese Arbeit, die wir versuchen zu tun.

Ich habe damals in der Situation, in der wir jetzt in Afghanistan sind und in der Markus Sprenger rausgegangen ist – und wir natürlich immer Sorge haben um die Menschen, die wir rausschicken; und wir müssen auch Sorge haben, weil es gibt die Verbrecher, die kalkulieren, dass sie ein ganzes Land leer machen von Helfern, dass sie einfach durch wenige gezielte, blutrünstige Attentate und Entführungen es schaffen, dass wir uns entfernen ... Das gibt es natürlich, und wir sind da in einer sehr grossen Krise, weil wir ja nicht ausspringen, rausspringen können – aus der verfassten Gesellschaft der Zuständigkeit, der Versicherung, der Tarifordnung. Ich kann auch nicht hier rausspringen. Aber wir müssen versuchen, immer wieder an die Ränder dessen zu gehen, was uns möglich ist, und das auszukosten.

Letztes Jahr haben wir eine Erfahrung gemacht, die ich hier noch erzählen will: Wir hatten eine Bundestagsabgeordnete, die ganz begeistert war von dieser Arbeit, weil sie gehört hatte, dass eine Schule in Afghanistan nach 23 Jahren Krieg ... Wissen Sie, dass das das grösste Problem für die Afghanen ist, für die Kinder, die Mädchen und die Jungen in Afghanistan, dass sie endlich einmal in die Schule gehen möchten und eine solche Schule in einem Dorf bauen möchten – eine Schule, richtig aus Stein, Armaturen, Beton, Fenstern, Türen, Fundament –, eine solche Schule wirklich zu bauen, das erste Gebäude in einem solchen Dorf, was nach Jahrhunderten Lehmbauweise eine feste Struktur hat, die über dreissig, vierzig Jahre bestehen wird. Eine solche Schule kostet uns für 700 bis 800 Schüler 45 000 Euro, ich habe nicht umgerechnet, wie viel Franken das sind, aber ich glaube, Sie können das auch schon, es ist etwas mehr an Franken, also 45 000 Euro – diejenigen unter ihnen, die mal ihr Haus in Liechtenstein gebaut haben, die wissen, dass man mit 45 000 Dollar oder Euro noch nicht die Welt machen kann, keine Schule bauen kann. Also, das war dieser grossartige Hinweis in der deutschen Gesellschaft, und diese Frau namens Marita Sehn hat dann gesagt, sie möchte auch gern mal nach Afghanistan gehen mit mir. Sie hat angefangen, im Wahlkreis zu sammeln, und dann rief sie mich an und sagte, sie habe das in ihrem Bundestagsbüro erzählt und die Mitarbeiterinnen hätten gesagt: «Frau Sehn, da dürfen sie nicht hin, da werden sie ermordet in Afghanistan!» Reisewarnung des Auswärtigen Amtes, und da haben wir gelacht. Dann hat diese Marita Sehn einen Spaziergang von ihrem Kirchberg im Hunsrück nach Hahn gemacht und ist bei diesem Spaziergang von einem deutschen Auto auf einer deutschen Strasse totgefahren worden, auch ihr Bruder.

Das ist für uns ein Beispiel, wo einem klar wird – wir leben natürlich sowieso nicht in Sicherheit, auch nicht in Liechtenstein, obwohl ich den Strassen hier ein wesentlich grösseres Kompliment machen muss als in der Bundesrepublik Deutschland. Aber wir haben auch hier nicht die absolute Sicherheit, und die bekommt man auch nicht im menschlichen Leben. Und wir «metaphysieren» unsere Gefahren, die uns an Leib und Leben drohen. Wir subsumieren die Statistiken – die Statistik der Verkehrstoten ist natürlich etwas, wo es mal hoch und runter geht, aber sie sind eben da –, während, wenn wir in ein anderes Land gehen, in denen diese Verhältnisse der Zivilisation und der polizeilichen Ordnung und der Versicherungsordnungen nicht da sind, sind wir natürlich in einer sehr viel schwierigeren Situation. Also wichtig ist, dass wir die Tarif- und Sicherheitsordnung unserer Welt nicht übertreiben, dass wir den Aufruf des

Evangeliums, wer denn der Nächste ist, niemals übertönen lassen von dem, was die Zuständigen uns sagen, und dass wir weiter dabeibleiben, bei dieser «Sonne der Gerechtigkeit», über die wir das Lied gesungen haben, dass wir sie nicht eindämmen und nicht kleiner machen, als sie ist.

Die grosse evangelische Theologin Dorothee Sölle hat das in einem wunderbaren Gebetsgedicht, mit dem ich schliessen möchte, uns sagen wollen. Ich glaube, dass das Gedicht und Gebet kongenial zu dem ist, was uns dieses Gleichnis vom barmherzigen Samariter ausdrücken will:

Wann wird die Sonne der Gerechtigkeit über uns
  aufgehen
Und die Ausplünderungsnacht zu Ende gehen
Wann werden wir sichtbar Gott
Söhne und Töchter in deinem Reich
Wann wird man an unseren Gärten und Feldern sehen
Hier wohnen die sanften Kinder der Erde
die das Vergewaltigen nicht gelernt haben
und das Plündern verlernten
Hier wohnen kleine Menschen
die die Türme nicht in den Himmel bauen

Einen guten Sonntag wünsche ich Ihnen. Danke.

Hartmut Rosa

JEDES DING HAT KEINE ZEIT?
WIE WIR MIT DER ZEIT UMGEHEN

*Jegliches Ding hat seine Zeit
und alles Vornehmen unter dem Himmel seine Stunde.
Das Geborenwerden hat seine Zeit und ebenso das
  Sterben;
das Pflanzen hat seine Zeit und ebenso das Ausraufen
  des Gepflanzten;
das Töten [oder: Zerstören] hat seine Zeit und ebenso
  das Heilen;
das Einreissen hat seine Zeit und ebenso das
  Aufbauen;
das Weinen hat seine Zeit und ebenso das Lachen;
das Klagen [oder: Trauern] hat seine Zeit und ebenso
  das Tanzen;
das Hinwerfen von Steinen hat seine Zeit und ebenso
  das Sammeln von Steinen;
das Liebkosen hat seine Zeit und ebenso das Meiden
  der Liebkosung;
das Suchen hat seine Zeit und ebenso das Verlieren;
das Aufbewahren hat seine Zeit und ebenso das
  Wegwerfen;
das Zerreissen hat seine Zeit und ebenso das Zusam
  mennähen [oder: Flicken];*

das Schweigen hat seine Zeit und ebenso das Reden;
das Lieben hat seine Zeit und ebenso das Hassen;
der Krieg hat seine Zeit und ebenso der Friede.
Kohelet 3,1–8

Meine sehr verehrten Damen und Herren

Eine Kirche, ein Gottesdienst, ist ein ganz besonderer Ort oder Kontext: Sie sind hier im Moment auf eine ziemlich radikale Weise zwangsentschleunigt, in gewisser Weise einfach stillgestellt. Daher schwinden auch die unmittelbaren Impulse, zum Handy zu greifen, eine E-Mail zu schreiben, etwas einzukaufen oder zu bestellen, etwas einzuräumen, zu suchen, zu putzen, zu giessen und so weiter.

Wir stehen fast immer unter dem Impuls, irgendetwas zu tun. Wenn eine Pause eintritt, schreiben wir noch schnell eine SMS, wischen ein wenig Staub oder – wenn wir wirklich partout nichts zu tun haben – gehen wenigstens auf die Toilette. All diese Dinge können Sie hier gerade nicht tun. Sie sind nahezu bewegungsunfähige Gefangene. Sie können nicht einmal ein Nickerchen halten, ohne dass es rechtfertigungspflichtig und ein bisschen peinlich werden würde. In diesem Sinne ist ein Gottesdienst eine Entschleunigungsoase oder eine Entschleunigungsinsel – ein Ort, an dem Sie sozusagen ruhiggestellt werden.

Es gibt aber auch andere Orte in unserer Gesellschaft, die eine ähnliche Funktion haben. Ich glaube, für diejenigen, die nicht mehr in Gottesdienste gehen, ist das Kino eine Art Ersatz geworden. Auch das Kino führt zu einer Zwangsentschleunigung. Wenn das Saallicht ausgeht und es dunkel wird, können wir nichts mehr lesen. Unsere Sitznachbarn ärgern sich, wenn wir noch schnell auf die Toilette müssen.

Wir sind an einen Platz gefesselt. Für die nächsten neunzig Minuten – mit den langen Vorfilmen dauert das inzwischen ja auch zwei Stunden – sind wir frei von dem Impuls, noch schnell etwas erledigen zu müssen. Wir vergessen, dass Zeit kostbar ist, und das uns ansonsten ständig begleitende Gefühl, auf dem Sprung zu sein, erlischt. Wer den ganzen Tag rennt und rennen muss, der wird es durchaus geniessen, wenn er einfach einmal festgenagelt und ruhiggestellt wird. Abgesehen vom Kino haben übrigens auch Theater oder Konzertsäle eine ähnliche Funktion.

In Gottesdiensten, in Kirchen, ist es aber durchaus ein wenig anders als im Kino oder Theater. Im Unterschied zu diesen ist hier die Stimulusdichte sehr niedrig. Eigentlich passiert fast gar nichts. Wir haben keine Lichtblitze, keine Knalleffekte und keinen Krach, keine dramatischen Handlungen, kaum etwas Buntes. Natürlich stehen Predigten generell in der Gefahr, ziemlich langweilig zu werden; die «endlose Predigt» ist nicht umsonst sprichwörtlich geworden. Das ist dann umso bitterer für Sie, wenn und weil Sie nicht weglaufen können. Hier in Vaduz ist die Stimulusdichte ein wenig höher, weil man hinter dem Abendmahlstisch ins Freie hinaus sieht. Nichtsdestotrotz sind Sie die nächsten vierzig Minuten meiner Stimme ausgesetzt. Ich hoffe, dass ich das Beste daraus machen kann.

Hier, in diesem Moment, in dieser Kirche, erleben wir eine Art Zwangsentschleunigung, die wir durchaus geniessen können. Das heisst, dass Sie jetzt – vielleicht zum ersten Mal in dieser Woche? – nicht unter dem Impuls stehen, dringend tätig werden zu müssen. Das ist interessant, wenn wir uns den Rest des Tages ansehen. Selbst wenn sich einmal freie Minuten ergeben, fallen uns immer Aufgaben ein, die wir «dringend» oder «immer schon einmal» erledigen wollten: «Die Zeit könnte ich doch nutzen, mal eben dieses oder jenes zu tun» – und sei es auch nur, wieder einmal den Fernseher oder das Radio einzuschalten. Nichts davon können Sie hier tun. Der Gottesdienst ist deshalb ein Ort, an dem wir über uns und unser Leben nachdenken, an dem wir gleichsam automatisch und gezwungenermassen in Distanz zu unserem (Alltags-)Leben treten. Ich möchte Sie nun dazu einladen, in dieser Haltung über die Zeit, über unsere Zeit nachzudenken. Bei dieser Gelegenheit möchte ich mich auch ganz herzlich beim Pfarrerehepaar Ritter und dieser Gemeinde bedanken, dass Sie mich hierher eingeladen haben.

Das Thema, über das ich reden möchte, ist also die Frage nach Natur und Qualität unserer Zeit. Wenn wir fragen, welche Zeit denn nun «unsere Zeit» ist, was damit gemeint ist, wenn wir von «unserer Zeit» sprechen, dann stellen wir fest, dass diese drei Dimensionen aufweist.

Eine davon ist unsere Alltagszeit. Sehr häufig sagen wir: «Ich habe keine Zeit» oder «Ich bin unter Zeitdruck». Damit meinen wir unsere Alltagszeit. «Ich muss daran denken, dass der Gottesdienst gleich beginnt» oder «dass ich noch einen Anruf tätigen muss» oder «dass ich den Sohn oder die Tochter von der Schule, vom Fussball abholen muss» und so weiter. Das heisst, unsere Zeit ist die Alltagszeit, die wir bewirtschaften, planen, kalkulieren und berechnen müssen.

Aber während wir das tun, treten wir manchmal aus der Alltagszeit heraus und reflektieren unsere *Lebenszeit,* die eine andere Qualität und eine andere Dimension hat. Manchmal stellen wir uns die Frage, ob der tägliche Stress und der Leistungsdruck wirklich dem entsprechen, wie wir unsere Lebenszeit verbringen möchten. Oft kritisieren wir aus der Distanz unsere Alltagszeit oder reflektieren unsere eigene Lebenszeit. Damit meinen wir die Zeit, die uns hier auf der Erde beschieden ist. Wir reden oft von unserer Kindheit, unserer Jugendzeit, unserer Militärzeit oder unserer Studienzeit. Das ist nicht die Alltagszeit, sondern es sind die Abschnitte unseres Lebens. In Krisenzeiten, wenn wir den Alltag satthaben, erinnern wir uns dieser Abschnitte und hinterfragen ihre Bedeutung. Abgesehen davon denken wir insbesondere in biographischen Übergangsphasen, also zum Beispiel nach der Schule, über unsere Lebenszeit nach. Da hört die Routine der Alltagszeit in gewisser Weise auf, und wir überlegen uns, wie wir den Rest unseres Lebens verbringen wollen. Ähnlich ist es, wenn Sie in den Ruhestand treten. Auch da treten Sie aus der Alltagszeit heraus und überlegen sich, was Sie mit ihrer verbliebenen Lebenszeit anfangen wollen.

Und dann gibt es noch einen dritten Sinn, in dem wir von «unserer Zeit» reden. Vielleicht verwenden wir diesen Begriff «unsere Zeit» sogar am häufigsten. Gemeint ist die Zeit unserer Epoche, unserer Gesellschaft, unserer Welt. Wenn wir von «unserer Zeit» in diesem Sinne reden, dann meinen wir das frühe 21. Jahrhundert: Unsere *Zeit der Klimaängste,* der *Terrorgefahr* oder – natürlich geht das auch positiv – in unserer *Zeit der Globalisierung,* des *digitalen Fernsehens* und *der Handykommunikation.* «Unsere Zeit» hat also drei Bedeutungen: die Alltagszeit, die Lebenszeit und die historische Epoche, in der wir leben.

Ich glaube nun, dass wir Zeit und Leben als gelingend erfahren, wenn wir es schaffen, diese drei Zeiten, Ebenen oder Dimensionen fruchtbar zueinander in Beziehung zu setzen beziehungsweise miteinander zu vermitteln. Wir folgen einem Lebensentwurf, einem Lebenskonzept, einer

Zeitverwendungsidee und zugleich einem Alltagskonzept, die in unsere Epoche und in unsere Gesellschaft passen. Wenn wir das Gefühl haben, diese drei zerfallen uns, weil wir etwa nur noch von Termin zu Termin hetzen, weil wir den ursprünglich gemeinten Sinn unseres Lebens nicht mehr erkennen können, dann befinden wir uns tendenziell in Krisengefahr. Wenn wir das Gefühl haben, dass unser Konzept eines gelingenden Lebens und unser Zeitkonzept überhaupt nicht mehr in unsere Epoche passen, dann sind wir gleichsam anachronistisch in die falsche Zeit gestellt, dann machen wir Entfremdungserfahrungen. Der Alltag wirkt dann fremd gegenüber dem Lebensganzen, oder Alltag und Leben wirken fremd gegenüber der Gesellschaft, in der wir stehen.

In dem Predigttext, den wir gehört haben, heisst es: «Jedes Ding hat seine Stunde.» Aus dem Hebräischen wird es oft auch übersetzt als «Jedes Ding hat seine Zeit.» Und wenn wir es so übersetzen, dann ist es interessant zu sehen, dass diese Vorstellung wiederum zwei Bedeutungen hat. Zum einen besitzt jedes Ding, jede Handlung eine bestimmte Dauer. Eine Grippe dauert mindestens acht Tage, egal, wie viele Medikamente wir schlucken. Eine Schwangerschaft dauert neun Monate. Die Schule dauert je nachdem etwa zwölf Jahre. Aber auch der Kindergarten, der Militärdienst, sogar jede Busfahrt, jedes Ding hat eine bestimmte Dauer.

Die Idee, dass jedes Ding seine Zeit hat, bezieht sich aber nicht nur auf die Dauer, sondern auch auf Sequenzen, auf Reihenfolgen. «Jedes Ding hat seine Zeit»: Der Gottesdienst am Sonntagmorgen, die Sportschau am Samstagabend, auch die Schule hat ihre Zeit sowie die Uni, das Arbeiten und der Ruhestand. Und so können Sie alles durchgehen. Alle Dinge und Handlungen haben einen bestimmten Platz, einen bestimmten Ort in der Abfolge der Handlungen und Tätigkeiten. «Jedes Ding hat seine Zeit» kann also heissen: Jedes Ding hat eine ihm zugemessene Dauer und hat seinen Ort in einer natürlichen Zeitordnung.

Jedes Ding hat seine Zeit kann sich auf den Alltag beziehen, so wie im Predigttext, wenn vom Suchen und Finden, vom Zerreissen und Nähen die Rede ist. Aber nicht nur in unserem Alltag, sondern auch in unserer Lebenszeit hat jedes Ding seine bestimmte Dauer und seine bestimmte Sequenz. Ich glaube, dass dieses Zeitverständnis historisch gesehen der zyklischen Zeiterfahrung entspringt. Diese ist vor dem Beginn der Neuzeit die kulturell bestimmende Zeiterfahrung gewesen. Menschen und Kulturen haben deshalb einen Zeitsinn entwickelt, weil der Ort, an dem sie leben, in bestimmten Rhythmen seine Qualität ändert. Es wird Tag und es wird Nacht. Deshalb ist es eine natürliche Erfahrung, dass es einmal hell und dann wieder dunkel ist. *Jedes Ding hat seine Zeit* hat so eine einfache Natur-Bedeutung. Es gibt eine Tageszeit und eine Nachtzeit, und diese stehen in einem immer wiederkehrenden Rhythmus. Das gilt ebenso für das Jahr: Frühjahr, Sommer, Herbst und Winter. Jedes Ding hat seine Zeit. Die zyklische Kette, die sich daraus ergibt, übertragen wir auf unseren Lebenszyklus. Schliesslich sprechen wir vom Frühling oder Herbst des Lebens. Grundsätzlich bestimmt sich diese Idee also darin, dass in der Natur alles einen bestimmten Platz und eine bestimmte Dauer in der zeitlichen Abfolge hat.

In der Moderne hat sich aber eine andere Zeiterfahrung durchgesetzt: die lineare Zeiterfahrung, die man zum Beispiel am Kalender ablesen kann. Das ist nicht die Erfahrung der immer wiederkehrenden Ereignisse. Es ist vielmehr die Erfahrung, dass die Vergangenheit unwiderruflich anders ist als die Gegenwart. Diese wiederum ist anders, als die Zukunft sein wird. Die Zeit ist dann nicht mehr ein Kreis, sondern sie bildet eine Linie des Sich-immer-Weiterentwickelns. Zukunftshorizont und Vergangenheitshorizont treten auseinander.

Interessant ist nun, dass auch in dieser modernen Zeit zunächst immer noch der Satz gilt, dass jedes Ding seine Zeit hat. Die Zeit ist nun aber nicht mehr unbedingt die Naturzeit. Wir haben die Naturzyklen weitgehend überwunden. Wir können auch in der Dunkelheit Helligkeit erzeugen. Wir können im Winter heisse Momente erleben, zum Beispiel in der Sauna. Und wir können trotz des Sommers Kälte im Kühlschrank und in Kühlhäusern und in überdachten Skihallen generieren. In vielerlei Hinsicht haben wir uns vom Naturrhythmus gelöst. Aber wir haben neue, soziale Zyklen eingeführt. Das macht wiederum den Satz wahr, dass jedes Ding seine Zeit hat. Ich glaube, es ist sogar so, dass die Moderne als Zeitalter der Zeitpläne, der Stundenpläne, der Fahrpläne und der Studienpläne nur funktionieren konnte, wenn und weil sie jenen Satz radikal implementiert hat. Wir brauchen die Idee fester Zeiten, weil wir sonst unser Leben und unsere Handlungen nicht koordinieren könnten.

Berufsarbeit und Familie, aber auch andere soziale Bereiche wie Kirche und Sportverein und Bürgerinitiative werden in der Moderne bewusst voneinander getrennt. Ich weiss nicht, ob Sie in irgendwelchen Bürgerinitiativen oder in irgendwelchen Vereinen tätig sind. Es gibt ganz verschiedene Lebenssphären – auch die Kirche ist eine –, die für sich existieren. Die Menschen, die Sie hier treffen, treffen Sie in ihrer Gesamtheit nicht an Ihrem Arbeitsplatz und in der Bürgerinitiative. Die Moderne ist eigentlich nur dann funktionsfähig – so beschreibt es zum Beispiel Talcott Parson, einer unserer grossen soziologischen Denker –, wenn jedes Ding einen «Timeslot», also ein festes Zeitfenster hat. Sie arbeiten von 8 bis 17 Uhr, danach haben Sie Zeit für die Bürgerinitiative und danach sowie am Sonntagnachmittag haben Sie Zeit für die Familie. Und so geht das durch alle Lebenssphären hindurch. Jedes Ding hat ein bestimmtes Zeitfenster zur Verfügung.

So war jedenfalls über lange Zeit in der Moderne der Alltag geregelt. Interessanterweise gilt das auch für den Lebenslauf, und zwar in weit stärkerem Mass als in der Vormoderne. Die Moderne hat ein festes Lebenslaufregime, eine zeitlich strukturierte «Normalbiographie» entwickelt. Alle Kinder gehen mit sieben Jahren in die Schule. Diese dauert neun Jahre. Danach ist es Zeit für die Bundeswehr oder den Zivildienst. Dann kommt die Zeit für einen Ausbildungsgang. Und zwischen 20 und 25 folgt der Beginn der Erwerbsarbeit. Mit 65 wird es dann Zeit, aus der Erwerbsarbeit herauszutreten. Die Idee der Moderne war, dass diese Sequenzen kollektiv auch dann erhalten bleiben, wenn die individuellen Biographien qualitativ ganz verschieden ausfallen.

Meine Diagnose ist es nun, dass sich diese Zeitqualität im 21. Jahrhundert in beschleunigtem Masse auflöst. Aus dieser These erklärt sich mein Leitmotiv: Jedes Ding hat *keine* Zeit. Was ich damit auszudrücken versuche, ist, dass wir dabei sind, eine Gesellschaft zu schaffen, in der die Dinge keine feste Zeit, keine erwartbare Dauer, keinen Ort in der zeitlichen Reihung mehr haben. Man weiss nie, was als Nächstes kommt und wie es kommt. Im Alltag hatte jedes Ding einmal einen festen Ort. Sie können aber ganz schnell sehen, dass sich diese Gewissheit eines sequenziellen Zeitfensters zunehmend auflöst. Es ist fast egal, wo Sie anfangen: Der Alltag ist flexibel und unberechenbar geworden.

Das können Sie allein an der Mittagspause erkennen. Der eine macht um zwölf Mittagspause, der andere um eins. Der dritte fängt vielleicht erst um zwölf an zu arbeiten. Es gibt kaum mehr feste Zeiten, nach denen Sie sich richten können. Laut Zeitmanagementbüchern können wir Terminpläne sowieso vergessen: Flexibles Handling ist angesagt, kurzfristiges Umdisponieren. Es gibt für die Mittagspause nicht zwangsläufig um zwölf Uhr eine vorgesehene Zeitstelle. Sie ist flexibel gestaltbar. Das Gleiche gilt für das Einkaufen. Die Läden haben immer länger offen, sodass es nicht mehr heisst, einkaufen muss ich bis um sieben, sondern einkaufen muss ich irgendwann, vielleicht auch im Internet. Hier haben wir ohnehin längst die 24/7-Gesellschaft, das heisst, es bleibt rund um die Uhr im gleichen Zustand.

Das gilt auch für viele Berufstätigkeiten. Sowohl örtlich als auch zeitlich werden Beruf und Privatleben wieder entdifferenziert. Es ist nicht so, dass Sie von 9 bis 17 Uhr im Büro arbeiten. Wenn Sie an Dateien arbeiten, dann haben Sie die immer auf einem USB-Stick dabei. Ich habe einen in der Tasche. Es ist erstaunlich, dass alles, was ich in den letzten 20 Jahren geschrieben habe, da drauf ist. Diese Dateien haben nicht mehr ihre feste Zeit, sondern ich kann jederzeit, wenn mir wieder etwas einfällt, daran weiterschreiben. So ist es aber auch tendenziell mit der Familie, mit Bürgerinitiativen und mit der Kirche. Die können mich immer anrufen oder mir eine E-Mail schicken, sodass fast alle Lebenssphären gleichzeitig präsent sind. Es können gleichzeitig Ansprüche aus diesen Sphären an uns kommen und wir können gleichzeitig Ideen dafür haben. So gilt im Alltag, dass die Dinge nicht mehr ihre feste Zeit haben, sondern dass sie alle rund um die Uhr und zugleich präsent sind.

Das gilt auch für den Lebenslauf. Früher gab es diese klassischen Phasen: Schule, Ausbildung, Erwerbstätigkeit, Ruhestand. Wenn Sie sich neue Biographien ansehen, erkennen Sie, dass es nicht mehr so ist. Menschen kriegen Kinder, bevor sie heiraten, oder sie sind zuerst als Paare gebunden und leben danach wieder als Single. Es gibt einen Trend, dass junge Menschen mit 16, 17 oder 18 von zu Hause ausziehen und dann mit 25 wieder zu den Eltern zurückkehren, vielleicht mit oder auch ohne eigene Kinder. Ähnlich ist es im Berufsleben. Es kann gut sein, dass nach der Ausbildung nicht die Berufstätigkeit folgt, sondern erst einmal die Erwerbslosigkeit. Dann kommt eine Erwerbsphase, dann mit einer Umschulung eine neue Ausbildungsphase und dann wieder eine erwerbslose Phase. Später kommen der Vorruhestand und dann vielleicht noch einmal eine Erwerbsphase, weil sich wieder etwas Neues eröffnet oder angeboten hat. Also auch hier haben die Dinge nicht mehr ihre feste Zeit.

Wir haben in Jena jede Menge biographische Interviews geführt. An diesen können Sie erkennen, dass sich die Perspektive der Menschen auf den Alltag und auch auf den Lebenslauf ändert. Sie sagen, dass sie die Dinge jetzt eben nehmen, wie sie kommen. Sie machen keine langfristigen Pläne mehr. «Man muss sehen, wie sich das entwickelt», ist zu einer Standardphrase geworden. Unsere Studenten studieren nicht mehr Soziologie, weil sie einen festen Plan haben, sondern sie sagen: «Ich mach jetzt halt mal Soziologie. Je nachdem, was kommt, greife ich aber eine andere Berufsmöglichkeit auf, ziehe ich in eine andere Stadt, wechsle das Studienfach. Mal sehen, wie sich die Dinge entwickeln, was sich so ergibt.» Und genauso gehen sie an den Alltag heran. «Ich habe noch keinen festen Plan für morgen. Mal sehen, wer anruft, welche E-Mails so kommen» und so weiter.

Was also die Sequenz anbelangt, lautet die Diagnose: Jedes Ding hat keine Zeit, weil auf der einen Seite alles gleichzeitig präsent ist und auf der anderen Seite Verlaufsmuster eher zufällig entstehen. Dass jedes Ding *keine* Zeit in diesem Sinne hat, sehen Sie wirklich in allen sozialen Sphären. Wir sehen es sogar an Erdbeeren und Lebkuchen. Es gab eine Zeit, da war Erdbeerzeit mit Sommer verknüpft, mit Juli und August. Heute gibt es Erdbeeren rund um das Jahr, jedenfalls in der Tiefkühltruhe. Das Gleiche gilt für Lebkuchen. Die gibt es nicht mehr nur an Weihnachten, sondern das ganze Jahr über, und es gibt auch ganzjährige Weihnachtsshops. Jedes Ding hat keine Zeit, weil alles rund um die Uhr, rund um das Jahr vorhanden ist.

Wie sieht es nun aber aus mit der zweiten Perspektive, mit der *Zeitdauer*? Da gilt der Satz, dass jedes Ding keine Zeit hat, erst recht! Ich glaube, Zeithunger und Zeitknappheit sind das dominante Zeitgefühl unserer Epoche, also der modernen Gesellschaft. Wir sparen zwar ständig Zeit, haben aber immer das Gefühl, dass alles zu lange dauert. Ein Satz von Günther Anders lautet: «Was immer Zeit benötigt, benötigt schon zu viel Zeit.» Das kennen Sie bestimmt aus ihrem Alltag: Der Computer benötigt immer zu lange, bis er hochfährt, und noch viel länger, bis er wieder runterfährt. Zum Glück fährt er jetzt so runter, dass man gar nicht mehr dabeisitzen muss. Die Ampel ist zu lange rot, im Wartezimmer des Arztes geht es zu langsam, und so weiter. Die Dinge gehen niemals schnell genug. Wir versuchen mit allen Mitteln, ihre Dauer zu manipulieren, das heisst fast immer: zu verkürzen.

Das gilt nicht nur für den Alltag, sondern auch für die Lebenszeit. Hier ereignet sich geradezu Unglaubliches: Kaum ist das Kind geboren, sind die Eltern in ständiger Panik, dass das Kind nicht schnell genug ist, dass es «zurückgeblieben» sein könnte. Ständig, berichten Ärzte, sitzen besorgte Eltern in den Sprechzimmern, die im Ton höchster Sorge kundtun: «Mein Kind fixiert noch nicht richtig mit den Augen, es greift noch nicht, es spricht noch nicht, es geht noch nicht.» Ständig sind die Eltern besorgt, dass der Nachwuchs nicht schnell genug sein könnte, dass man ihn vielleicht ein bisschen beschleunigen müsse. Politiker setzen das nahtlos fort. Sie sagen, wir können es uns nicht mehr leisten, die Kinder erst mit sieben in die Schule zu schicken. Das ist zu spät. Das müssen wir beschleunigen und die Kinder bereits mit fünf in die Schule schicken. Wir können es uns auch nicht mehr leisten, sie 13 Jahre bis zum Abitur dort zu lassen. Deshalb haben wir in Deutschland die Gymnasialzeit gerade auf zwölf Jahre verkürzt. Auch unsere Studiengänge bauen wir gerade um. Bisher dauerte ein Magisterstudiengang zehn Semester. Jetzt kann man schon nach sechs Semestern den ersten Studienabschluss machen: Was dauert, dauert zu lange. Unsere Kinder brauchen offenbar Wachstumsbeschleuniger.

Wo Sie auch hinsehen, wir versuchen ununterbrochen, feste Dauern zu verkürzen, Prozesse und Handlungen zu beschleunigen. Das ist auch deshalb paradox, weil sich unsere Lebensdauer ja immer weiter verlängert. Das müsste eigentlich dazu führen, dass wir die Lebensphasen auseinanderziehen. Das tun wir aber nicht. Wir versuchen sie zu beschleunigen beziehungsweise zu «stauchen». Am effizientesten ist es, wenn Sie mit der Frühförderung schon in der Schwangerschaft beginnen, indem Sie den Bauch der Mutter beispielsweise mit Englisch beschallen.

Der Tod eines Familienangehörigen – um noch ein drastisches Beispiel für unseren Zeitnotstand anzuführen – bedeutet immer einen Einbruch einer anderen Zeitdimension in unsere Alltagszeit. Der Tod hat die Alltagszeit der nahen Angehörigen immer stillgestellt. Man widmete sich den Hinterbliebenen und den Trauerfeierlichkeiten und der Bestattung. Neulich hat mir jedoch ein Pfarrer in Düren erzählt, dass sich das jetzt deutlich und spürbar ändere. Bei der Urnenbestattung müssen die Menschen nach ihrem Tod nämlich nicht mehr in einem bestimmten, kurzen Zeitraum beerdigt werden. Man hat jetzt ein Zeitfenster von zwei oder sogar drei Wochen, in dem man einen Bestattungstermin finden muss. Das führe dazu, so berichtete der Pfarrer, dass die Angehörigen nun anfangen, um den Bestattungstermin zu schachern wie um einen Friseurtermin. Die einen möchten die Beerdigung auf Donnerstag legen. Da können die anderen nicht, weil sie schon Karten fürs Theater haben. Diese schlagen dann wiederum vor, den Bestattungstermin auf Freitag zu verlegen, woraufhin die Nächsten erwidern, dass sie an diesem Tag in den Urlaub fahren. Das passiert wirklich. Bizarrerweise sass ich zwei Tage nach dem Gespräch mit dem Dürener Pfarrer im Zug neben einer Dame mittleren Alters. Ein älteres Ehepaar, das gerade aus den USA zurückkehrte, stieg ein und fragte sie, ob es denn stimme, dass ihre Oma gestorben sei. Die Frau sagte: «Ja, schon vor drei Wochen», woraufhin das Ehepaar fragte, wann sie denn beerdigt worden sei. Und da meinte die Frau: «Das kann ich gar niemandem sagen: erst letzten Dienstag. Bis da alle mal Zeit hatten! Wir haben das fast nicht hingekriegt.» Sie sehen also, da ist wirklich etwas dran an dieser Beobachtung. Selbst dieses zentrale Lebensereignis, das Sterben, wird neuerdings behandelt wie ein Alltagstermin: Es hat keine Zeit mehr. Man raubt dem Tod oder dem Sterben seine Dauer *und* seinen gleichsam autonom bestimmten Platz in der Alltagszeit; es wird versucht, den Tod in den hektischen Alltag einzupassen. Natürlich gilt das nicht für alle Menschen und für alle Kulturen, aber es gibt eine generelle Tendenz dahin.

Es gibt nach dem bisher Gesagten also zwei Aspekte, nach denen wir den Dingen in unserer Gesellschaft keine Zeit geben. Erstens haben sie keinen festen Ort mehr in einer zeitlichen Abfolge. Sie werden hin- und hergeschoben. Und zweitens lassen wir ihnen keine Zeit mehr. Wir versuchen sie zu beschleunigen. «Für das grösste Unglück unserer Zeit» hat schon Goethe gehalten, «dass wir nichts mehr reif werden lassen wollen.»

Dieser generelle Beschleunigungstrend hängt, zum dritten, nun aber auch zusammen mit unserer kulturell und vor allem auch ökonomisch tief verwurzelten Innovationsbesessenheit. Es gibt fast keine Politiker, keine Unternehmen und auch keine Universitäten, die nicht unablässig die Innovation beschwören: Innovation, Innovation, Innovation. «Wir müssen unsere Innovationskraft erhöhen. Wir brauchen mehr Innovationen.» Das bedeutet aber auch, dass die Zeit eines Dinges immer schon abgelaufen ist, bevor es seine Wirkkraft wirklich entfaltet hat, bevor es verbraucht oder abgenutzt ist.

Ich finde, das ist im Alltag wirklich sehr deutlich zu bemerken. Schon in meinem Universitätsalltag begegnet mir dieses Phänomen überall. Wir haben zum Beispiel neue Modulkarten für unsere Studenten entwickelt. Dort tragen sie ein, wann sie welche Veranstaltung besucht haben. Es war ziemlich kompliziert, bis das endlich funktioniert hat. Jetzt funktioniert es. Nächstes Jahr wird es wieder abgeschafft, weil wir die Bachelorstudiengänge einführen. Diese Modulkarte hatte keine Zeit. Wir geben ihr keine Zeit. Ihre Zeit war schon abgelaufen, bevor sie überhaupt richtig funktioniert hat. Erst vorgestern kam meine Sekretärin und sagte: «Wir haben noch Geld in der Haushaltskasse. Wir sollten uns vor Jahresende noch etwas anschaffen, bevor es verfällt. Wir brauchen neue Flachbildschirme. Es gibt noch immer Mitarbeiter, die diese alten Kästen haben». «Ja», meinte ich, «schauen wir mal, was wir noch da haben.» Und so haben wir festgestellt, dass wir quasi-neue Bildschirme hatten, die noch gar nicht ausgepackt waren. Es waren aber keine Flach-, sondern «neue alte» Bildschirme, die keiner mehr haben wollte. Ihre Zeit war nie gekommen. Sie war buchstäblich schon abgelaufen, bevor die Bildschirme auch nur ausgepackt waren. Und ich behaupte, Ihnen geht es im Alltag bisweilen ganz genauso: Neue Handys, neue Computer, neue Stereoanlagen, neue Fotokameras. Bevor wir überhaupt wissen, welche Funktionen sie haben und was sie alles können, ist ihre Zeit schon wieder abgelaufen, und wir kaufen ein neues Gerät. Die Idee, dass alles permanent erneuert und «verbessert» werden muss, führt dazu, dass diese Dinge eben *keine* Zeit haben.

Und so ist nun diese Zeit, meine Zeit, auch schon wieder fast abgelaufen. Aber ich möchte noch zwei, drei Sätze zu den Folgen sagen. Manchmal liebe ich es, die Studenten mit der Idee zu provozieren, dass wir uns einer neuen Form des Beschleunigungstotalitarismus nähern. Natürlich muss man mit dem Wort *Totalitarismus* vorsichtig sein. Ich gebrauche es auch nur im metaphorischen Sinne. Aber es ist schon so, dass wir sozusagen alle Lebensbereiche der Beschleunigungsidee – die Zeit ist knapp, wir müssen innovieren, wir müssen schnell sein – unterwerfen. Ich glaube, im Beschleunigungsimperativ liegt so etwas wie eine geheime Steuerung unserer Gesellschaft, die wir als solche gar nicht wahrnehmen; sie funktioniert über Fristen und Deadlines, nicht über moralische oder politische Vorschriften.

Bemerkenswert finde ich an dieser Gesellschaft, dass wir einerseits (ganz zu Recht) überzeugt sind, so frei zu sein wie nie zuvor. Das stimmt ja auch, weil wir keine ethische Regulierung der Gesellschaft mehr haben. Jeder Mensch darf leben, wie er will. Diese Idee vermitteln wir auch jungen Menschen. *Glaube, woran du willst, ziehe dich an, wie du willst, wähle den Beruf, den du willst. Wähle eine Freizeit, eine Lebensform, eine sexuelle Ausrichtung, die du willst.* Wir sind frei. Anderseits ist es für mich als Soziologe erstaunlich, dass wir unseren Alltag nicht nach der Massgabe des entsprechenden Freiheitsgefühls erleben. Ich glaube, es gibt keine andere Gesellschaft der Welt, die alle Handlungen so hartnäckig und unablässig und monoton in der Rhetorik des Müssens begründet: Ich muss, ich muss, ich muss. Wir haben ein permanentes Stressgefühl. Menschen rechtfertigen alles, was sie tun, mit: Ich muss. *Ich muss unbedingt meinen Computer updaten. Ich muss mal wieder Nachrichten sehen. Ich bin überhaupt nicht mehr auf dem Laufenden. Ich muss unbedingt wieder mal in die Kirche. Ich war schon lange nicht mehr da. Ich muss mich unbedingt mal wieder der Bürgerinitiative widmen.* Wir haben immer das Gefühl, Dinge tun zu müssen. Woher kommt dieses Gefühl des Zwangs und des Drucks? Es kommt daher, dass wir in einer Welt leben, in der sich alles ununterbrochen multidimensional verändert. Wir müssen immer schneller laufen, nur um unseren Platz zu halten.

Zurück zum Stichwort Beschleunigungstotalitarismus. Ich frage manchmal meine Studenten: «Wie stellen Sie es sich vor, in einem totalitären Regime zu leben?» Dann einigen wir uns in der Regel ziemlich schnell darauf, dass wir sagen:

Wenn Menschen mitten in der Nacht mit rasendem Herzen aufwachen, mit dem Gefühl, gleich erwischt es sie; mit dem Gefühl von tonnenschwerem Druck auf der Brust, weil die sozialen und politischen Verhältnisse unerträglich werden, dann hat das zumindest in der Situation etwas Totalitäres. Und dann stellt sich nun eben wirklich die Frage, wo wir so etwas gehäuft finden. Wenn wir uns totalitäre Regime wie Husseins Irak oder Nordkorea vergegenwärtigen, dann sehen wir, dass es auch radikaler politischer Herrschaft fast nie gelingt, jeden Einzelnen jederzeit unter Druck zu setzen. Aber der Zeitdruck unserer modernen Gesellschaft schafft das. Dieser Druck, den wir uns selber machen, der wird nicht politisch verhandelt, der wird nicht normativ formuliert. Es gibt keine Instanz, die sagt, dass das die richtige Form des Lebens sei und wir uns *deshalb* daran halten müssten. Es ist vielmehr vor allem die Wettbewerbslogik, die diese permanente Beschleunigung und diesen permanenten Druck auf unsere Brust und unsere Gehirne erzeugt. Und wir nehmen ihn noch nicht einmal bewusst wahr. Wir sind also frei und zugleich massiv unter Druck. Nun kann man ganz lange darüber reden, woher das kommt. Natürlich spielt die kapitalistische Wirtschaftsordnung hier eine Rolle. Das Grundprinzip der modernen Gesellschaft, alle Güter, Status und Anerkennung wettbewerbsmässig zu vergeben, erzeugt aber auch darüber hinaus eine nicht anzuhaltende Dynamisierungswirkung. Deshalb stehen wir immer miteinander im Wettbewerb.

Aber ich glaube, es gibt auch eine kulturelle Wurzel der Beschleunigung. Es ist sehr interessant zu fragen, was das Christentum für eine Rolle im modernen Zeitverständnis spielt. Die biblische Geschichte führt von der Schöpfung bis zum Sündenfall, von dem Erscheinen Christi zu seiner

Wiederkehr. Es ist eine lineare Zeit, die sich auch beschleunigen lässt. In der Geschichte des Christentums existiert eine Grundangst, die Zeit sei knapp, weil nicht mehr viel Zeit vor der Wiederkehr Christi, vor dem Jüngsten Tag, bleibt. Aber zugleich sehnten und sehnen sich Christen nach diesem Tag und versuchen deshalb, die neue Zeit beschleunigt herbeizuführen. Das führte in der Neuzeit dazu, dass wir die Dinge selbst in die Hand nehmen und die neue Zeit selbst herstellen wollten. Die Säkularisierung, also das Zurückweichen des Glaubens aus unserer Alltags- und Lebenserfahrung, spielt ebenfalls eine gewichtige Rolle für die Erzeugung des Beschleunigungszirkels. Ich meine nämlich, dass wir nicht nur die Opfer dieser Beschleunigungszwänge sind, sondern auch die lustvollen Täter. Oft erleben wir Beschleunigung, Flexibilisierung, Dynamisierung als Befreiung und als Verheissung.

Ich glaube, Beschleunigung ist die Antwort der modernen Gesellschaft auf den Tod. Ein Grundproblem für Atheisten, aber auch für Gläubige, ist der Umgang mit dem Tod. Der moderne Mensch weiss nicht genau, was nach dem Tod kommt oder ob nach dem Tod überhaupt etwas kommt. Deshalb bleibt ihm nur die Zeit *vor dem Tod*. «Das Leben als letzte Gelegenheit», lautet demgemäss ein treffender Buchtitel von Marianne Gronemeyer. Wenn nun in der säkularen Kultur der Moderne ein Leben definiert ist durch die Summe an Erfahrungen und Erlebnissen, die wir in diesem Leben machen, dann können wir natürlich das Leben verlängern oder steigern, indem wir alles schneller machen, indem wir mehr Erfahrungen und mehr Erlebnisse in das Leben hineinpacken. *Es gibt so vieles, was man erlebt, gesehen, mitgemacht haben muss.* Da liegt der Gedanke nahe: *Wenn ich doppelt so schnell lebe, kriege ich gleichsam zwei Lebenspensen in den 70 oder 80 Jahren unter, die mir hienieden beschieden sind.*

Und es ist sehr interessant, unsere eigene Lebensweise auf die Spuren dieser Logik hin zu untersuchen. Wenn wir es tun, stellen wir fest, dass wir häufig versuchen, so zu leben, das heisst, doppelt so schnell zu leben. Wir fahren zum Beispiel nicht mehr drei oder vier Wochen in den Urlaub, sondern nur acht Tage; dafür aber zwei- bis dreimal pro Jahr. Das ist nur ein Beispiel dafür, wie man durch Beschleunigung das Lebenspensum als Erfahrungs- oder Erlebnissumme vergrössern kann. Beschleunigung durch Verdoppelung der Anzahl an Erlebnisepisoden: Pro Zeiteinheit zwei Leben in einem unterbringen. Von hier aus liegt dann auch die Idee nahe, dass wir, wenn wir nur unendlich schnell werden, auch unendlich viele Leben vor dem Tod unterbringen können. Dann haben wir sozusagen *ein ewiges Leben vor dem Tod.* Und ich frage mich, ob wir nicht sozusagen «heimlich» mit unserem eigenen Tod so umgehen. Egal, ob wir nun glauben oder nicht: Wir wissen, wir müssen irgendwann sterben. Doch bevor wir sterben müssen, wollen wir noch ganz viel erledigen und erleben, möglichst unendlich viel. Ich glaube, hier liegt einer der heimlichen Antriebsmomente in diesem Beschleunigungswahn.

Die zuletzt aufgeworfene Frage lautete, welche Rolle unsere Religion und unsere Kirche für unsere Zeiterfahrung spielt. Ich habe mich vor ein paar Jahren einmal mit einem guten Freund über Weihnachten gestritten. Er meinte, dass Weihnachten irgendwie jedes Jahr das Gleiche sei. *Jedes Jahr gibt es Ochs und Esel.* Die verändern sich nicht. Da gibt es keine Innovation, auch keine Beschleunigung. Wenn wir ehrlich sind, dann ist es sogar falsch zu sagen, dass sie ihre Zeit haben. Abgesehen vom Jahreslauf waren Ochs und Esel vor 2000 Jahren genauso da, wie sie es heute sind. Sie sind ewig oder zeitlos. Und da dachte ich, dass die biblische Geschichte in diesem Sinne zeitlos ist. Da gibt es keinen Beschleunigungszwang und auch keinen Innovationszwang. Natürlich versuchen wir es, indem wir Weihnachten nach Brasilien, in die Wüste, nach New York oder sonst wohin fahren. Aber eigentlich macht das Weihnachten kaputt. Der Zauber und der Reiz von Weihnachten liegt darin, dass es im Kern zeitlos ist. Das gilt auch für alle anderen kirchlichen Feste wie zum Beispiel Ostern oder Pfingsten. Sie bringen eine andere Zeitform und Zeitvorstellung zum Ausdruck. Eine Sakralzeit kann man das nennen, oder eine Heilszeit, die deutlich macht, dass es über dieser ganzen beschleunigten, gedrängten Zeit, über all dieser Alltags-, Lebens- und Epochenzeit die Vorstellung einer anderen Zeitebene gibt. Eine andere Zeiterfahrung, eine zeitlose Zeit, eine ewige Zeit, die über derjenigen Zeit steht, in der jedes Ding seine ganz bestimmte Zeit hat. Ich glaube, das ist eine ganz wichtige Ressource in unserer Kultur.

Wenn Sie mit mir einig gehen wollen, dass die dargelegte Beschleunigungsdynamik ein Problem für unsere Gesellschaft darstellt, dann drängt sich eine Frage auf. Ulrich Beck, der Soziologe, würde es so formulieren: «Wo finden wir Gegengifte, wo finden wir etwas, was diese beschleunigte, hektische, gedrängte Zeit ausbalancieren kann?» Und ich glaube, es gibt nicht viele Möglichkeiten in unserer Kultur; wir verfügen kaum über Gegengifte, aber über viele Gifte. Das sage ich jetzt als Soziologe, nicht als Christ, obwohl ich auch Letzteres bin.

Wo findet unsere Kultur Kräfte zur Ausbalancierung, Gegengewichte zur Beschleunigung? Fredric Jameson, ein amerikanischer Sozialwissenschaftler und Philosoph, hat kürzlich erstaunt festgestellt:

Das Komische an unserem Zeitalter ist, dass es uns ganz leicht fällt, uns das Ende der Welt vorzustellen: die Apokalypse, nukleare Katastrophen, Kriege, Aids-Epidemien und so weiter. Aber eine andere Lebensweise, eine andere Gesellschaftsform, eine andere Zeitform, eine andere Produktionsweise zu denken: Dazu fällt uns nichts mehr ein.

Das ist sozusagen das TINA-Prinzip, frei nach Margaret Thatcher: «There is no alternative.» Es gibt keine Alternative. Das ist ungefähr das, was der deutsche Kanzler Schröder auch gesagt hat, um die Agenda 2010 zu rechtfertigen. Wo also kommen Alternativen her? Und hier glaube ich schon, dass in der religiösen Zeiterfahrung eine Hoffnung, ein Versprechen liegt: *Es gibt eine andere Zeit.* In einem meiner Lieblingslieder – wir singen das in Baden, hier steht es vielleicht nicht im Gesangsbuch – heisst es: «Meine Zeit steht in deinen Händen, nun kann ich ruhig sein in Dir.» Ich finde, das ist eine ziemlich radikale Idee, die zum Ausdruck bringt, dass unsere Zeit, meine Zeit, aufgehoben sein könnte in einem anderen Zeitkontext. Und solange diese Idee möglich ist, ist es auch möglich, auf andere Weise in die Zeit und in die Welt gestellt zu sein, als in dem Hamsterrad der Moderne. In diesem Sinne wünsche ich Ihnen nun eine gute, eine schöne, eine erfüllte und eine entschleunigte Zeit, die in Gottes Händen stehen möge. Amen.

Franz Welser-Möst

STILLE

Alle Morgen weckt er mir das Ohr, dass ich höre, wie Jünger hören.
Gott der Herr hat mir das Ohr geöffnet.
Und ich bin nicht ungehorsam und weiche nicht zurück.

Jesaja 50,4b–5

Mit diesem Zitat aus dem Alten Testament und dem Dank für die Einladung, hier zu sprechen, möchte ich meine Vaduzer Predigt beginnen.

Das offene Ohr als Voraussetzung für den Gehorsam dem Herrn gegenüber und die eigene persönliche Standfestigkeit wird in diesem Bibelzitat manifestiert. Für mich gibt es für ein offenes Ohr eine wesentliche, ja unabdingbare Voraussetzung: Stille! Dieses Thema mag für einen Musiker überraschend erscheinen, aber genau darüber und vor allem über meine Sehnsucht nach Stille möchte ich heute sprechen. Ich werde versuchen auch zu zeigen, warum ich Stille für mich in meinem Leben als etwas Essentielles ansehe. Das geht nun nicht ohne sehr persönliche, intime Betrachtungen, vor denen ich aber auch nicht zurückscheue.

Wenn man meine Mutter fragen würde, war unsere Kindheit (fünf Kinder mit einem Altersunterschied von knapp vier Jahren) sicher nicht leise, und doch habe ich sie in der Erinnerung, so wie sie in meiner Empfindung eingelagert ist, als ruhig und beschaulich präsent. Nach uns Fünfen wurde noch ein Nachzügler geboren, ein schwerst behindertes Mädchen, das nach acht Monaten verstarb. In meiner Empfindungserinnerung ist der Tag ihres Todes (ich war damals vier Jahre alt) als eine grosse, übermächtige, zeitlose und irgendwie nicht auf Reaktionen wartende Stille vorhanden. Es verbindet sich in mir damit keine negativ besetzte Emotion wie Trauer, sondern viel eher eine ruhige, unspektakuläre, unerklärbare Schönheit. Schönheit, die auf Grösse hinweist, wie sie uns manchmal unter bestimmten Voraussetzungen in der Musik und natürlich auch anderswo begegnen kann, allerdings nur in Verbindung mit der absoluten Hingabe an den Moment.

Mir ist Jahre später wieder ein Spalt in der Tür zu dieser Stille geöffnet worden, in einer Aufführung der «Unvollendeten» von Franz Schubert, an der ich als Geiger in einem Jugendorchester mitwirkte. Am Schluss des zweiten Satzes stellte sich bei mir eine ähnliche Empfindung ein, wie damals am Tag des Todes meiner kleinen Schwester. Interessanterweise ist musikphilosophisch betrachtet dieser Schluss ein Ausdruck der Sehnsucht nach Liebe. Interessant, dass diese zwei Erlebnisse von aussergewöhnlicher Stille, wenn auch beim zweiten Male mit sehr speziellen Klängen verbunden, beide auf die zwei grössten Fragen hinweisen, die die Menschen beschäftigen: die Frage nach der Liebe und die Frage nach dem Tod. Wobei das zweite Beispiel kein Widerspruch in sich ist: Nicht Musik ist das Gegenteil von Stille, sondern Lärm.

1978 hatte ich einen schweren Autounfall, und die stärkste Erinnerung daran ist der Moment, in dem der Wagen von der Strasse abkam. Auch hier umhüllte mich damals eine mit dem Intellekt nicht fassbare, mich vollkommen einnehmende Stille, die weit über unser Raum-Zeit-Denken hinaus geht. Der man sich nicht nähert, sondern die sich einem eröffnet. Seit diesem Erlebnis als Achtzehnjähriger bin ich ganz bewusst auf der Suche nach dieser Stille, obwohl ich weiss, dass ich sie nicht finden kann, sondern sozusagen sie mich findet.

Diese Suche soll man nicht mit Todessehnsucht verwechseln, die vielleicht auch jeder Mensch einmal kennenlernt, sondern ich kann es nur beschreiben als ein Sich-Auflösen in ein grösseres Ganzes – so teilt sich mir diese Stille mit. Musik ist, wie vorhin schon erwähnt, nicht das Gegenteil von Stille. Auf die Frage des Woher und Wohin bin ich überzeugt, dass Musik aus der Stille kommt und auch wieder in die Stille geht, sozusagen eine Ausformung von Stille ist.

Einer der grossen Gestalter der abendländischen Kultur, und das nicht nur in spiritueller Hinsicht – der Gründer des Benediktinerordens, der heilige Benedikt von Nursia –, spricht in seinen Ordensregeln viel vom Schweigen und vom Hören. Für einen Musiker beginnt alles mit dem Hören, dem Hinhören, und endet alles mit dem Hören. Die besten Musiker sind die, die am besten hören, zuhören und in den Raum und das Kunstwerk hineinhören können. Wenn wir das Hören sensibilisieren, verfeinern wir auch andere Sinne. Vielleicht hilft uns die Sensibilisierung unserer Sinne, auch den Weg zum Sinn schlechthin zu finden. Allerdings ist die wichtigste Voraussetzung für das Hören das Schweigen. Wenn wir nicht schweigen können, können wir auch nicht zuhören.

Die Reflexion zwischen ausgesprochenen Formeln im geistlichen Leben, seien es nun Gebete oder Suren oder Mantren et cetera, das heisst also was in der Stille passiert, ist oft wichtiger und sagt mehr über das eigentlich Wichtige aus als das Gebet selbst. Ganz analog zur Musik. Pausen – zum Musizieren, zum In-die-Stille-Eintreten – sind ein echter Akt der Kreativität! Jede Formlosigkeit ist laut, Form beinhaltet Stille, führt uns an dieselbe heran.

Stille ist eng verbunden mit der Empfindung von Zeitlosigkeit, wie ich sie ganz stark bei meinem Unfall erleben durfte. Das führt uns über unser dreidimensionales Denken hinaus, weist uns auf mehr Dimensionen hin. Aussergewöhnliche Wissenschaftler haben diese Dimensionen schon gedacht, wir haben die Möglichkeit, sie zu empfinden. Das ist aber sicher nicht im Lärm möglich. In der Stille, wie ich sie erfahren durfte, ist interessanterweise für das Denken kein Platz mehr.

Natürlich spielt es daher keine Rolle, wie lange – objektiv gemessen, das heisst eigentlich nichts anderes als in unserem dreidimensionalen Verständnis – eine solche Stille ist. Die objektive Dauer des Moments eines Autounfalls ist sehr kurz, vielleicht nur ein paar Sekunden, die Empfindung sagt jedoch oft etwas anderes und kümmert sich nicht um die sogenannte objektive Darstellung. Also: Auch der kleinste Moment von Stille ist ein winziger Spalt in eine Weite, die mir unbegreiflich scheint und vielleicht von mir auch gar nicht im eigentlichen Sinn des Wortes «begriffen» werden soll. Sie übt aber eine grosse Sogwirkung auf mich aus.

Warum tun wir uns heute so wahnsinnig schwer mit der Stille? Wir müllen uns zu mit Lärm, der (medizinisch gesprochen) unser vegetatives Nervensystem bis zum Kollaps strapaziert und (psychologisch gesprochen) eine Flucht darstellt. Wovor fliehen wir? Darauf gibt es leider nur eine Antwort: Wir fliehen vor uns selbst! Deshalb ertragen wir auch keine Stille mehr. Auch Subtilität, leise, empfindsame

Töne in der Musik und in der Kunst überhaupt werden heute oft als langweilig, blass, blutleer kritisiert. Stille bedeutet höchste Intimität, auch oder eben besonders Intimität mit uns selbst. Stille ermöglicht uns Grenzerfahrungen, die nichts mit dem «Kick», der zu hohem Adrenalinausstoss führt, zu tun hat, sondern sie führt uns über die Grenzen des Egos zum Selbst.

Interessanterweise ist in den letzten Jahren in der eher kärglich geführten philosophischen Diskussion über und innerhalb der Kunst wieder ein Begriff aufgetaucht, der schon lange vorher im extrem politisch dominierten 20. Jahrhundert für tot erklärt worden war: die Natur! Wir gehen in die Natur und begegnen dort – hoffentlich abseits von Handys et cetera (für mich sind am vielleicht mühsam erreichten Berggipfel telefonierende Menschen eine echte Perversion) – wir begegnen dort hoffentlich einer Stille, die uns auf eine Geistigkeit hinweist, die wichtig ist für die Entwicklung unseres Selbst – ob wir nun an einen Gott glauben oder nicht. Unser Selbst, nicht unser Ego. Unser Selbst, in dem es um unser ureigenstes Verständnis unseres Menschseins geht.

Stille ist nicht Einsamkeit, sondern ein Wegweiser nach innen zur Essenz des Seins, ein Wegweiser in eine mit dem Intellekt nicht fassbare, noch viel grössere Stille hinein. Den Verfechtern der Kunst als politische Kraft, die sich kritisch zu unserer Gesellschaft und ihren Entwicklungen stellen soll, um vielleicht etwas zu bewegen und zu bewirken, stimme ich hier zu: Die Kunst kann heute auch Oase sein als Antwort auf eine laute, schrille Welt. Dass wir auch wieder die Zeit und Energie finden, einander zuzuhören, um auch den Grundlagen unserer westlichen Kultur entsprechend anderen Aufmerksamkeit zu schenken. In uns hineinzuhören, uns auch auf uns zu besinnen, gewährt auch den Respekt vor dem Anderen. Darin liegt auch für mich die ganz grosse Faszination der christlichen Botschaft: die Frage, die in jeder Religion, in jeder philosophischen und ideologischen Strömung zu beantworten versucht wird, nämlich die Frage der Beziehung vom Ich zum Wir und vom Wir zum Ich: Sie wird im Christentum ganz schlicht mit dem Ich im Wir beantwortet.

Wenn ich draussen in der Natur höre, in diese «Stille» hineinhorche, so wird diese plötzlich ganz laut: Ich trete in Verbindung mit der Umwelt als einen bewussten Akt. Nicht die lärmige Umwelt versucht in mich einzudringen, mich hierhin und dahin zu zerren, mich zu verzerren, sondern ich trete ganz bewusst auf meine Umwelt zu. Dieser so positive und auch fordernde Lebensentwurf hat sich in dieser Welt reduziert auf: Was kann ich von meiner Umwelt haben? Die klassische Ego-Gesellschaft ist ja gerade – Stichwort Finanzkrise – dramatisch gescheitert. Wieder einmal! Dabei ist das ja an der Wurzel vor allem eine ethische Krise. Die «Stille» in der Natur zeigt uns wunderschön diesen Lebensentwurf, den das Christentum anbietet: das Ich im Wir. Oder, wie es Papst Johannes Paul II. am Anfang seines Pontifikats ausdrückte: «Hab keine Angst: Du bist nicht allein!» Auf unterschiedliche Weise sagen das alle Religionen.

Wir sollten nicht vor der Stille fliehen! Wir sollten ja auch nicht vor uns selbst fliehen. Die Intimität von Stille weist auf die mögliche Nähe mit unserer Umgebung hin. Das bedarf der Hingabe und Demut, Hingabe an mein Leben mit all den mir gestellten Aufgaben und Demut vor meiner Umwelt. So verbinden sich auch in dem eingangs verwendeten Bibelzitat die beiden Wörter «hören» und «gehorchen». Wenn ich als Musiker nicht die Hingabe und die Demut habe, werde ich dem Geheimnis, das der Musik innewohnt, nie einen Schritt näher kommen.

Stille ist ein Wunder, das es zu entdecken gilt. Jeden Tag aufs Neue.

Erst wenn wir still sind, sind wir bereit, Grösseres zu erleben. In diesem Sinne möchte ich mit einem Zitat aus dem ersten Brief des Apostels Paulus an die Korinther enden:

Die tiefsten Geheimnisse der Liebe Gottes aber hat kein Ohr gehört. 1. Korinther 2,9

AUTORENVERZEICHNIS

HUGO MARXER

Hugo Marxer, geboren 1948 in Vaduz, lebt und arbeitet in Liechtenstein und Carrara (Italien). An die Öffentlichkeit trat er erstmals 1975 mit Radierungen und Kupferstichen. Seit 1988 ist er freischaffender Bildhauer und einer der herausragenden Vertreter des bildhauerischen Schaffens im Fürstentum Liechtenstein. Er zeigte sein Werk in zahlreichen Ausstellungen im In- und Ausland. Sein Credo lautet: «Der Schnelllebigkeit unserer Zeit setze ich bewusst die Langsamkeit des Steins entgegen.»

WALTER JENS

Walter Jens, geboren 1923 in Hamburg, studierte klassische Philologie in Hamburg und Freiburg i. Br., Promotion 1944, Habilitation 1949. Er tat sich sowohl als fachwissenschaftlicher Autor wie auch als Romancier, Autor für Rundfunk- und Fernsehstücke, Literatur- und Fernsehkritiker, Redner und Übersetzer hervor. Bis 1988 hatte Walter Jens den Lehrstuhl für Rhetorik an der Universität Tübingen inne; in den Jahren zwischen 1989 und 1997 leitete er die Akademie der Künste in Berlin als ihr Präsident. Er ist Ehrendoktor der Universität Stockholm und der Friedrich-Schiller-Universität Jena.

ADOLF MUSCHG

Adolf Muschg, geboren 1934 in Zollikon, ist Schriftsteller (Prosa, Essay) und Literaturwissenschaftler. Er studierte Germanistik, Anglistik und Philosophie in Zürich und Cambridge und promovierte 1959 bei Emil Staiger. Von 1970 bis 1999 bekleidete er eine Germanistik-Professur in Zürich. Er erhielt zahlreiche Preise und Auszeichnungen, u.a. 1994 den Georg-Büchner-Preis. 2003 bis 2005 war Muschg Präsident der Akademie der Künste in Berlin. Muschg lebt in Männedorf bei Zürich.

ANDREAS VOLLENWEIDER

Andreas Vollenweider, geboren 1953 in Zürich, ist Musiker, Komponist, Produzent und Arrangeur. Mit seiner modifizierten Pedalharfe und einer innovativen Instrumentation hat er eine eigene und unverwechselbare Musikrichtung geschaffen. Seine Musik wird den verschiedensten Kategorien wie World Music, Jazz, New Age oder Classical zugeordnet. Andreas Vollenweider tritt in der ganzen Welt auf und arbeitet auch gerne mit anderen namhaften Musikern zusammen. Immer wieder setzt er sich mit seiner Musik für Umwelt- oder Menschenrechtsprojekte ein.

GOTTFRIED HONEGGER

Gottfried Honegger, geboren 1917 in Zürich, ist Plastiker, Maler und Grafiker. Er lebt und arbeitet in Zürich, Paris und New York und zählt zu den bedeutendsten Vertretern der konkreten Kunst. Er kreierte viele Arbeiten für den öffentlichen Raum und schuf unter anderem auch ein bedeutendes druckgraphisches Werk. 1996 wurde Gottfried Honegger mit der grössten künstlerischen Auszeichnung Frankreichs geehrt, der Ernennung zum Commandeur des Arts et des Lettres.

ANNEMARIE SCHIMMEL

Annemarie Schimmel, geboren 1922 in Erfurt, galt als die bedeutendste deutsche Islamwissenschaftlerin des 20. Jahrhunderts. Als Professorin lehrte sie unter anderem in Ankara, an der Harvard University in Cambridge, Massachusetts, USA und an der Universität Bonn. Sie wurde 1995 mit dem Friedenspreis des Deutschen Buchhandels ausgezeichnet. Annemarie Schimmel starb 2003 in Bonn.

HEINER GEISSLER

Heiner Geißler, geboren 1930 in Oberndorf, deutscher Politiker und Jurist, ehem. CDU-Generalsekretär, Bundesminister für Jugend, Familie und Gesundheit und Bundestagsabgeordneter. Heiner Geißler studierte Philosophie und Rechtswissenschaften in München und Tübingen. Nach einer langen Politikerkarriere schied er im Oktober 2002 aus dem Bundestag aus. Heiner Geißler ist Autor mehrerer sozialkritischer Bücher.

HEINZ MACK

Heinz Mack, geboren 1931 in Lollar, Bildhauer und Maler, Staatsexamen an der Staatlichen Kunstakademie Düsseldorf und Studium der Philosophie an der Universität Köln. Er ist Mitbegründer der Künstlergruppe ZERO in Düsseldorf. Das zentrale künstlerische Thema von Heinz Mack ist das Licht, welches er unter anderem in Skulpturen, Zeichnungen, Druckgrafik, Fotografien, aber auch in der Gestaltung von öffentlichen Räumen zum Ausdruck bringt. Seine Arbeiten wurden bis heute in rund 300 Einzelausstellungen gezeigt. Zahlreiche Bücher und Kataloge sowie Filme dokumentieren sein Schaffen. Heinz Mack lebt und arbeitet in Mönchengladbach und auf Ibiza.

ERNST LUDWIG EHRLICH

Ernst Ludwig Ehrlich, geboren 1921 in Berlin, war ein deutsch-schweizerischer Judaist und Historiker. Ehrlich, der 1943 vor den Nationalsozialisten in die Schweiz floh, hat sich jahrzehntelang für den christlich-jüdischen Dialog eingesetzt. Von 1961 bis 1994 war er europäischer Direktor der jüdischen Organisation B'nai B'rith. Aufgrund seiner besonderen Verdienste erhielt er zahlreiche akademische Auszeichnungen, darunter den Leo-Baeck-Preis des Zentralrates der Juden in Deutschland und den Israel-Jacobsen-Preis für sein Lebenswerk. Ernst Ludwig Ehrlich verstarb 2007 in Riehen bei Basel.

RUPERT NEUDECK

Rupert Neudeck, geboren 1939 in Danzig, flüchtete im Juni 1945 nach Sachsen-Anhalt, dann 1946 nach Schwerte/Ruhr. Er studierte Jura, Theologie, Philosophie, Polonistik und Germanistik in Paderborn, Bonn, Münster und Salzburg, 1972 folgte die Promotion. Rupert Neudeck arbeitete zunächst bei der Funkkorrespondenz und im Deutschlandfunk. Ab 1979 beteiligte er sich an humanitären Aktionen, gründete das Komitees Cap Anamur/Deutsche Notärzte e.V. und 2003 das internationalen Friedenskorps Grünhelme e.V.

HARTMUT ROSA

Hartmut Rosa, geboren 1965 in Lörrach, ist Professor für Allgemeine und Theoretische Soziologie und Direktor des Forschungszentrums «Laboratorium Aufklärung» an der Friedrich-Schiller-Universität in Jena. Davor lehrte er an der Universität Augsburg, an der Universität Duisburg-Essen und an der New School for Social Research in New York. Er promovierte 1997 an der Humboldt-Universität zu Berlin und habilitierte sich 2004 in Jena. 2006 erhielt er den Thüringer Forschungspreis für Grundlagenforschung.

FRANZ WELSER-MÖST

Franz Welser-Möst, geboren 1960 in Linz, ist ein österreichischer Dirigent. Welser-Möst besuchte das Linzer Musikgymnasium und studierte Komposition und Geige. Die Verletzungen durch einen schweren Autounfall 1978 beendeten seine Karriere als Geiger. Er widmete sich dann ganz dem Dirigieren. Bis 1985 leitete er das Österreichische Jugendorchester. Von 1990 bis 1996 war er Leiter des London Philharmonic Orchestra und von 1995 bis 2002 Musikdirektor des Opernhauses Zürich. Seit 2002 ist er Chefdirigent des Cleveland Orchestra. Franz Welser-Möst wurde auf 2010 zum Generalmusikdirektor der Wiener Staatsoper bestellt.

Arcie